高等职业教育汽车整形技术专业规划教材

# 车身结构及附属设备
## （第二版）

交通职业教育教学指导委员会　组织编写

袁　杰　主　编

人民交通出版社股份有限公司
China Communications Press Co.,Ltd.

## 内 容 提 要

本书是高等职业教育规划教材，是在各高等职业院校积极践行和创新先进职业教育思想和理念，深入推进"校企合作、工学结合"模式的大背景下，由交通职业教育教学指导委员会汽车运用与维修专业指导委员会组织编写而成。

本书分基础知识和任务实施两篇。基础知识篇由5个单元组成，主要内容包括车身结构分类及主要性能、车身本体结构、轿车车身覆盖件、车身材料和车身结构件拆装基本工具等。任务实施篇由7个学习任务组成，主要内容包括汽车保险杠更换、发动机罩与行李舱盖安装位置调整、车门的拆装和密封性调整、汽车座椅拆装及位置调整、前后车门玻璃的拆装及密封性调整、风窗玻璃的拆装及密封性调整和仪表板的拆装。

本书主要供高等职业院校汽车整形技术专业教学使用，也可作为汽车车身维修人员的岗位培训教材。

**图书在版编目(CIP)数据**

车身结构及附属设备 / 袁杰主编. —2版. —北京：人民交通出版社股份有限公司，2015.6
高等职业教育汽车整形技术专业规划教材
ISBN 978-7-114-12143-2

Ⅰ.①车… Ⅱ.①袁… Ⅲ.①汽车—车体结构—高等职业教育—教材②汽车—车体—附件—高等职业教育—教材 Ⅳ.①U463.8

中国版本图书馆 CIP 数据核字(2015)第 060479 号

高等职业教育汽车整形技术专业规划教材

| | |
|---|---|
| 书　　名： | 车身结构及附属设备（第二版） |
| 著 作 者： | 袁　杰 |
| 责任编辑： | 翁志新 |
| 出版发行： | 人民交通出版社股份有限公司 |
| 地　　址： | (100011)北京市朝阳区安定门外外馆斜街3号 |
| 网　　址： | http://www.ccpress.com.cn |
| 销售电话： | (010)59757973 |
| 总 经 销： | 人民交通出版社股份有限公司发行部 |
| 经　　销： | 各地新华书店 |
| 印　　刷： | 北京市密东印刷有限公司 |
| 开　　本： | 787×1092　1/16 |
| 印　　张： | 11.25 |
| 字　　数： | 252 千 |
| 版　　次： | 2010年6月　第1版<br>2015年6月　第2版 |
| 印　　次： | 2020年12月　第2版　第5次印刷　累计第10次印刷 |
| 书　　号： | ISBN 978-7-114-12143-2 |
| 定　　价： | 27.00 元 |

(有印刷、装订质量问题的图书由本公司负责调换)

# 交通职业教育教学指导委员会
# 汽车运用与维修专业指导委员会

**主 任 委 员**：魏庆曜

**副主任委员**：张尔利　汤定国　马伯夷

**委　　　员**：王凯明　王晋文　刘　锐　刘振楼

　　　　　　　刘越琪　许立新　吴宗保　张京伟

　　　　　　　李富仓　杨维和　陈文华　陈贞健

　　　　　　　周建平　周柄权　金朝勇　唐　好

　　　　　　　屠卫星　崔选盟　黄晓敏　彭运均

　　　　　　　舒　展　韩　梅　解福泉　詹红红

　　　　　　　裴志浩　魏俊强　魏荣庆

**秘　　　书**：秦兴顺

# 第二版前言

"车身结构及附属设备"是汽车整形技术专业的核心课程之一,该课程的教材《车身结构及附属设备》第一版出版至今已近5年,5年来,职业教育又有了许多新发展、新需求,汽车维修领域也出现了一些新技术和新工艺。教材又必须满足这些新的变化,《车身结构及附属设备》再版修订,显得尤为迫切。

在修订过程中,我们充分考虑到职业教育的教学特点和维修企业对人才的需求,注重理论知识与实践技能的有机结合,并注重吸收国外先进的职教理念。从市场需求入手,认真分析行业发展动态,深入研究教学标准,制订了详细的修订方案。

与第一版相比,此次修订后的教材,重点更为突出,知识点更加全面,实践操作性更强。修订后的教材具有以下特色:

1. 先进的教学理念。以提高学生职业技能为中心,以理论与实践一体化的教学模式为基础,在教学过程中以学习目标、问题引导和工作任务为驱动,设置紧密的学习环节,提高学生的学习能力。

2. 编排层次分明,重点突出。以基础知识篇为向导,为学生打下坚实的理论基础;任务实施篇有效地检验学生理论知识的掌握程度,并体现出了学习过程与实际工作紧密结合,充分体现了理实一体化的教学模式。

3. 增配了实训视频。为了更有效地指导学生实训,编者特别录制了配套的实训视频,供广大院校参考使用。

本书修订分工如下:四川交通职业技术学院的袁杰编写单元一、单元二和学习任务一,四川交通职业技术学院的刘兴尧编写单元三、学习任务二、学习任务三、学习任务七,四川交通职业技术学院的贾超超编写单元五、学习任务五、学习任务六,四川交通职业技术学院的王金泰编写单元四,辽宁省交通高等专科学校的孙连伟编写学习任务四。全书由袁杰担任主编,刘兴尧、孙连伟担任副主编。

由于编者经历和水平有限,教材内容难以覆盖全国各地的实际情况,希望各教学单位和读者在积极选用和推广本书的同时,注重总结经验,及时提出修改意见和建议,以便再版修订时改正和补充完善。

编者
2015 年 1 月

# 前言

为贯彻《国务院关于大力发展职业教育的决定》以及教育部制订的《国家教育事业发展"十一五"规划纲要》精神,深化职业教育教学改革,积极推进课程改革和教材建设,满足职业教育发展的新需求,交通职业教育教学指导委员会汽车运用与维修专业指导委员会组织全国交通职业技术院校的骨干教师及相关企业的专业人员,编写了本套高等职业教育规划教材,供高等职业院校汽车整形技术专业教学使用。

本系列教材在组织编写过程中,认真总结了全国交通职业院校多年来的专业教学经验,注意吸收发达国家先进的职教理念和方法,形成了以下特色:

1. 推行工学结合的人才培养模式。汽车整形技术专业建设,从市场调研、职业分析,到专业教学标准、课程标准开发,再到课程方案制订、教材编写的全过程,都是交通职业院校的教师与相关企业的专业人员一起合作完成的,真正实现了学校和企业的紧密结合。本专业的课程也体现了工学结合的本质特征——"学习的内容是工作,通过工作实现学习"。本专业的核心课程有:《车身结构及附属设备》、《汽车车身测量与校正》、《汽车车身修复技术》、《汽车车身焊接技术》、《油漆调色技术》、《汽车涂装技术》、《汽车涂装复杂表面处理技术》。

2. 体现任务驱动的课程教学理念。以职业岗位的典型工作任务为驱动,确定理论与实践一体化的学习任务,按照工作过程组织学习过程。每个学习任务既有知识学习,又有技能操作,是工作要求、工作对象、工具、方法与劳动组织方式的有机整体。

3. 倡导行动导向的引导式教学方法。本系列教材注重对学习目标和引导问题的设计,以学生为主体,强化学生的地位,给学生留下充分思考、实践与合作交流的时间和空间,让学生亲身经历从观察→操作→交流→反思的活动过程。

4. 提供紧密结合职业岗位的技术内容。教材内容力求符合最新的国家及行业相关技术岗位标准以及技能鉴定的要求,为学生考取双证提供帮助。

5. 采用全新的结构编排模式。本系列教材打破了传统教材的章节体例,以典型学习任务为一个相对完整的学习过程,每个学习任务的内容相互独立但又有内在的联系。在每个学习任务开篇处,都以解决实际问题、完成岗位任务为导引,设定"学习目标"、"任务描述"和"学习引导"三个栏目,围绕工作任务聚焦知识和技能;正文则由"相关知识"、"任务实施"和"评价反馈"三部分内容组成,实现了理论实践一体化。

《车身结构及附属设备》是本系列教材中的一本。与传统同类教材相比,本教材采用了全新的内容编排方式,既体现了知识的完整性,又突出了实践能力的培养。本教材由教师、学生、企业技术人员共同参与编写,既体现了教育中学生的主

# 前言

导性，又体现了职业教育的职业特性。

  本书主要由四川交通职业技术学院的袁杰编写，四川交通职业技术学院的王剑波参与了部分内容的编写和整理工作，四川交通职业技术学院2007级部分学生参与了资料的收集、整理和照片的拍摄工作。全书由袁杰担任主编，陕西交通职业技术学院的巩航军担任主审。

  限于编者经历和水平，教材内容难以覆盖全国各地的实际情况，希望各教学单位在积极选用和推广本系列教材的同时，注重总结经验，及时提出修改意见和建议，以便再版修订时补充完善。

**交通职业教育教学指导委员会**
**汽车运用与维修专业指导委员会**
**2010 年 6 月**

# 目 录

## 第一篇 基础知识

### 单元一 车身结构分类及主要性能 ... 3
学习目标 ... 3
一、轿车车身的结构分类 ... 3
二、客车车身的结构分类 ... 6
三、货车车身的结构分类 ... 7
四、车身的主要性能 ... 8
单元练习 ... 9

### 单元二 车身本体结构 ... 11
学习目标 ... 11
一、轿车的前车身壳体构造 ... 11
二、轿车的中间车身壳体构造 ... 20
三、轿车的后车身壳体构造 ... 26
单元练习 ... 30

### 单元三 轿车车身覆盖件 ... 31
学习目标 ... 31
一、轿车车身覆盖件 ... 31
二、常见车身覆盖件的结构及特点 ... 32
单元练习 ... 56

### 单元四 车身材料 ... 57
学习目标 ... 57
一、车身用金属材料 ... 57
二、铝合金和镁合金材料 ... 61
三、车身常用非金属材料 ... 65
四、车身未来材料发展 ... 72
单元练习 ... 74

### 单元五 车身结构件拆装基本工具 ... 75
学习目标 ... 75
一、扭转类手动工具 ... 75
二、固定和卡紧类工具 ... 83
单元练习 ... 86

## 第二篇 任务实施

### 学习任务一 汽车保险杠更换 ... 89
学习目标 ... 89

# 目 录

  任务描述 …………………………………………………………………… 89
  学习引导 …………………………………………………………………… 89
  一、任务解说——保险杠拆装的相关知识 ………………………………… 89
  二、任务实施——帕萨特 B5 前后保险杠的拆装 ………………………… 92
  三、评价反馈 ……………………………………………………………… 93
  能力训练 …………………………………………………………………… 96

## 学习任务二　发动机罩与行李舱盖安装位置调整 ………………………… 97
  学习目标 …………………………………………………………………… 97
  任务描述 …………………………………………………………………… 97
  学习引导 …………………………………………………………………… 97
  一、任务解说——发动机罩与行李舱盖的拆装、调整的相关知识 ……… 97
  二、任务实施——发动机罩的拆装与调整 ……………………………… 103
  三、评价反馈 ……………………………………………………………… 105
  能力训练 …………………………………………………………………… 108

## 学习任务三　车门的拆装和密封性调整 …………………………………… 109
  学习目标 …………………………………………………………………… 109
  任务描述 …………………………………………………………………… 109
  学习引导 …………………………………………………………………… 109
  一、任务解说——车门拆装和密封性调整的相关知识 ………………… 109
  二、任务实施——车门密封性调整 ……………………………………… 114
  三、评价反馈 ……………………………………………………………… 116
  能力训练 …………………………………………………………………… 119

## 学习任务四　汽车座椅拆装及位置调整 …………………………………… 120
  学习目标 …………………………………………………………………… 120
  任务描述 …………………………………………………………………… 120
  学习引导 …………………………………………………………………… 120
  一、任务解说——座椅拆装和位置调整的相关知识 …………………… 120
  二、任务实施——富康座椅的拆装与调整 ……………………………… 125
  三、评价反馈 ……………………………………………………………… 127
  能力训练 …………………………………………………………………… 129

## 学习任务五　前后车门玻璃的拆装及密封性调整 ………………………… 130
  学习目标 …………………………………………………………………… 130
  任务描述 …………………………………………………………………… 130
  学习引导 …………………………………………………………………… 130
  一、任务解说——前后车门玻璃拆装和密封性调整的相关知识 ……… 130
  二、任务实施——前后车门玻璃与升降器的拆装 ……………………… 132

# 目 录

  三、评价反馈 ································································· 134
  能力训练 ···································································· 137
**学习任务六 风窗玻璃的拆装及密封性调整** 138
  学习目标 ···································································· 138
  任务描述 ···································································· 138
  学习引导 ···································································· 138
  一、任务解说——风窗玻璃拆装和密封性调整的相关知识 ················· 138
  二、任务实施——风窗玻璃和后窗玻璃的拆装 ······························ 141
  三、评价反馈 ································································· 146
  能力训练 ···································································· 149
**学习任务七 仪表板的拆装** 150
  学习目标 ···································································· 150
  任务描述 ···································································· 150
  学习引导 ···································································· 150
  一、任务解说——仪表板的相关知识 ········································ 150
  二、任务实施——仪表板的拆装 ············································· 153
  三、评价反馈 ································································· 163
  能力训练 ···································································· 166

**参考文献** 167

# 第一篇

## 基础知识

# 单元一　车身结构分类及主要性能

## 学习目标

1. 能够根据车身结构分类对常见车型特点进行描述；
2. 能够描述车身主要性能及参数解读。

无论是轿车车身，还是客车车身和货车车身，不同生产厂家、不同系列和不同时期的结构、形式都存在着差异。

## 一、轿车车身的结构分类

轿车车身的形式众多，但通过结构分析和形式划分，大致可分为以下几类。

1. 按车身承载方式分类

轿车车身按承载方式可分为非承载式车身、承载式车身和半承载式车身。

非承载式车身即为有车架的车身，如图1-1-1所示。车架上有用于固定车身的螺孔以及固定弹簧的基座，车身本体悬置于车架上，通过弹性件连接，施加于汽车上的力基本上都由车架来承受。由于载荷主要由车架承受，所以这种车身的支柱一般较细，风窗玻璃也较大。

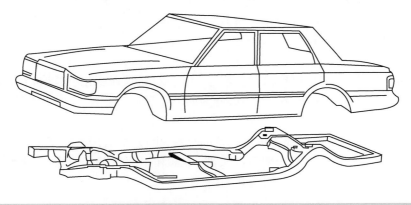

图1-1-1　非承载式车身

车架承载着整个车体，发动机、悬架和车身都安装在车架上，车身有着良好的刚性。车架的振动通过弹性元件传到车身上，大部分振动被减弱或消除，发生碰撞时车架能吸收大部分冲击力，在坏路行驶时对车身起到保护作用，因此车厢变形小，平稳性和安全性好，而且车厢内噪声低。非承载式车身具有车身强度高、车架可以提供很强的车身刚性、有利于提高安全性等优点。这种车身质量大，耗材量大，成本高，汽车质心高，高速行驶稳定性较差。一般而言,非承载式车身用在货车、客车和越野车上,也有少部分高级轿车使用。

承载式车身是指在前、后轴之间没有起连接作用的车架,车身直接承受从地面传来的力和动力系统传来的力,车身负载通过悬架装置传给车轮,如图1-1-2所示。这种车身具有质量小、省油、质心低、装配简单、高速行驶稳定性好、车内空间利用率高等优点。由于道路负载会通过悬架装置直接传给车身本体,传动系统和悬架的振动和噪声会直接传入车内,因此噪声和振动较大,需采取防振和隔声措施;底盘强度远不如非承载式车身汽车,当四个车轮受力不均匀时,车身会发生变形。车身主要采用点焊结构。由于没有车架的保护作用,碰撞车后车身维修困难较大。承载式车身一般用在轿车和城市SUV等车辆上。

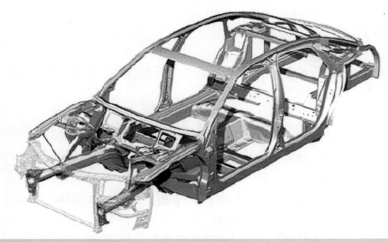

图1-1-2 承载式车身

承载式车身又分为车身覆盖件和车身结构件,车身结构件隐藏在车身覆盖件之下,对车身起到支撑和抗冲击的作用,分布在车身各处的钢梁是车身结构件的一种。而车身覆盖件主要为车门、车顶、翼子板等。

2. 按车身外形分类

轿车车身的形状,主要由座椅位置和数量、车门数量、顶盖变化、发动机和备胎的布置等因素决定。式样繁多的轿车车身按外形可分为如下几类。

1)折背式车身

折背式车身是指车身的背部有角折线条的车身,也被称为浮桥式、船形、三箱式等,如图1-1-3所示。其主要特征是车身由明显的头部、中部和尾部三部分组成,大多数都布有两排座位,这种轿车按车门数可分为二门式和四门式。

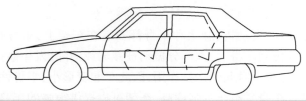

图1-1-3 折背式车身

2）直背式车身

直背式车身的后风窗和行李舱连接近似平直,比折背式车身更趋流线型,有利于降低空气阻力,且使后行李舱的空间加大。这种车身又称快背式、溜背式车身等,如图1-1-4所示。

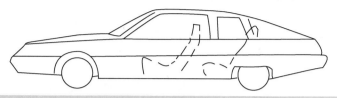

图1-1-4　直背式车身

3）舱背式车身

舱背式车身与折背式车身相比,其顶盖较长,与直背式车身相比,其后背角度较小,后行李舱与后窗演变为一个整体的背部车门,又称半快背式,如图1-1-5所示。

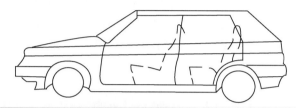

图1-1-5　舱背式车身

4）短背式车身

短背式车身由于背部很短而使整车长度缩短,从空气动力学角度考虑也是有利的。并可减少车辆偏摆,有利于稳定性。这种车身又称鸭尾式车身,如图1-1-6所示。

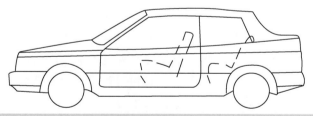

图1-1-6　短背式车身

5）变形车身

轿车有很多种变形车,主要是指车身部分的改变。如使折背式车身顶盖向后延到车尾的二厢式旅行车,以及使驾驶人座椅前移的一厢式多用途车等,如图1-1-7所示。

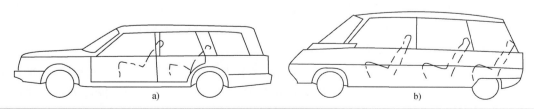

图1-1-7　变形车身
a）二厢式旅行车车身;b）一厢式多用途车车身

## 二、客车车身的结构分类

客车车身按以下方法分类。

**1. 按车身用途分类**

不同用途客车的车身差别主要体现在外观和车室布置上。

1) 城市客车车身

城市客车由于站距短,乘客上下车频繁,所以地板离地高度一般较小,乘客门较多或尺寸较大。为了增大过道宽度和站立面积,座位多采用单双排座(1+2)的布置形式。车内空间相对较大,为保证站立乘客的视野角,车顶的凸度一般较小。为了缓解城市公共交通紧张、提高客车的面积利用率,目前城市双层客车也较多。

2) 长途客车车身

长途客车由于旅客乘坐时间长,客流量比较稳定,所以一般只有一扇乘客门。但为保证座椅的乘坐舒适性,并且每人都有座位,座椅布置较密集,且一般采用高靠背。为了使地板下有较大的行李空间,距地面高度一般在1m以上。另有一类远距离长途客车,如:可以为乘客提供舒适睡眠的卧铺客车。

3) 旅游客车车身

旅游客车与长途客车没有本质上的差别,但其外观、舒适性等往往更豪华和讲究、更注重乘客的居住性,如车上附设卫生间,甚至烹调室和卧室等。为观光之便,旅游客车的视野也较开阔。

**2. 按车身承载形式分类**

类似于轿车车身,按承载形式的不同客车车身也可分为非承载式、半承载式和承载式。

1) 非承载式车身

这种车身是在底盘车架上组装而成的,车身则通过多个橡胶衬垫沿车身总长安装在车架上。由于橡胶垫的挠性作用,可以吸收以及缓和来自不平路面的冲击和振动,载荷主要由车架承担,所以车身只承受较小的由于车架弯曲和扭转所引起的载荷,为了有别于后述的半承载式和承载式车身,此种形式被称为非承载式车身。

2) 半承载式车身

这种车身与车架刚性相连,车身也参与了承载,所以称为半承载式车身。车身骨架(立柱)与车架纵梁两侧悬伸的横梁焊接在一起,所以不像非承载式车身可以与车架分开。

3) 承载式车身

现在许多客车为了减轻自身质量以及使车身结构合理化,而采用一种无车架的承载式车身结构,有时也被称为无车架式结构。这种车身按上下部受力程度不同,又被分为基础承载式和整体承载式两种,如图1-1-8所示。

基础承载式在结构上使车身侧围腰线以下部分为主要承载件,车顶为非承载件,所以立柱较窄。这种结构的底部构件一般为异型钢管,外蒙皮为0.8mm左右,仅起装饰作用的薄钢板。由于不依靠蒙皮加强,所以往往采用张拉蒙皮,以保证车身表面平整光顺、外观挺拔。这种结构的前窗立柱较细,侧窗开口大,视野开阔,通透感强。

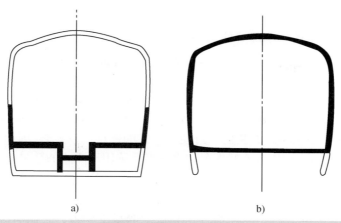

图 1-1-8 承载式车身结构
a)基础承载式;b)整体承载式

**4)复合式结构**

这是一种将薄壳式和骨架式结构的优点融为一体的复合式结构,通常是第二立柱与末立柱之间为框架结构,前围和后围为薄壳结构。

除了以上分类方法和形式外,大客车车身也有按车身材料、发动机布置形式、豪华程度等分类方法。了解不同形式车身的特征,对于针对性地选取维修工艺,保证维修质量是极其重要的。

## 三、货车车身的结构分类

对比轿车和客车,货车车身(驾驶室、货厢、车架)的结构形式要简单许多,可以按以下方法分类。

**1. 按驾驶室与发动机的相对位置分类**

货车上的发动机一般都是前置的,发动机中置和后置的货车一般是由其他车型变形而来,而且也极少见。就发动机前置而言,按其与驾驶室的相对位置可分为如下形式。

**1)长头式**

发动机布置在驾驶室之前,单独有凸出的发动机罩的这一类型便是长头式,如图 1-1-9 所示,这种形式车身的发动机维修方便,操纵机构也较简单,汽车在路况较差情况下通过性较好。其缺点是轴距和总长度相对较大,视野性较差。所以在轻型货车上很少采用,但在中型货车上采用较多。

图 1-1-9 长头式车身

2) 短头式

短头式是将发动机的一小部分伸入到驾驶室内。汽车的轴距略为缩短,驾驶室内部空间较小,发动机维修不及长头式方便,但总的特点与长头式没有太大的差异。

3) 平头式

这种形式的驾驶室布置在发动机之上。汽车的轴距和总长较短,机动性好,视野良好,面积利用系数高。为了避免驾驶室内夏天比较闷热等情况发生,驾驶室须加强隔热、隔风、隔振和密封等措施。目前由于结构的改进使平头式的优点比较显著,因而在现代轻型、中型货车上得到了广泛的采用,甚至重型货车和汽车列车采用平头式的数量也在不断增多。

2. 按驾驶室与货厢的连接关系分类

货车车身几乎都属非承载式的。所以驾驶室和货厢的结构主要从各自的功能和造型考虑,而不须过多考虑其对来自不平路面冲击和振动的承受能力。它们与车架一般也都是采用弹性连接,通常按驾驶室与货厢的连接关系分为如下形式。

1) 分体式

这是绝大多数货车车身的形式,驾驶室、货厢和车架各成一体。驾驶室常以三点支承在车架上,为减少驾驶室振动和车架歪扭变形对驾驶室的影响,其中两点往往采用弹簧或橡胶衬垫的浮式连接。货厢大多为前栏板固定、侧栏板和后栏板可翻的栏板式货台,栏板通常为钢板冲压件采用点焊连接组合而成的整体式钢结构。

2) 连体式

这种形式的驾驶室与货厢连为一体,是微型和轻型货车中的一种结构形式。这类车往往由轿车和小型客车变形而来,其车身一般也是由原型演变而来的薄壳式结构。另有一类由轿车和小型客车变形而来的货车,车身虽为分体式,但驾驶室和货厢在造型上 还是追求一体化的效果,而且驾驶室和货厢也都是薄壳式结构。

在此说明,有的载货汽车为了执行某些运输任务,往往需要很多形式的厢式货厢(或称封闭式货厢),这些厢式货厢通常采用全金属结构(即铝结构或钢结构两种),也有部分采用玻璃钢结构。

# 四、车身的主要性能

汽车车身是保证乘用安全和乘坐舒适的关键,所以在车身维修中,除了保证车身的形状维修和表面维修外,也应特别注意车身性能的修复。

1. 车身的密封性

车身的密封性是指关闭车身全部门、窗和孔口盖时,车身的防雨水和防尘土能力。车身的密封性不好,不但不能使车内保持所需的温度,而且尘土和雨水都易侵入车内。

影响车身密封性的主要部位是门窗缝隙,故在维修时应注意封条的截面形状和密封效果;另外还应注意位于车厢内发动机罩的密封性和空调装置管路穿过地板孔洞的密封性。

2. 车身的隔热性

车内温度是保证舒适性的重要因素之一。保持车内温度,除了可利用空调装置外,还要求车身具有良好的隔热性。如果车身的隔热性能差,车内热(冷)量损失大,势必消耗加热(或制冷)设备更多的能量。

汽车车身的隔热一般采用隔热层。隔热层由玻璃纤维、胶合板、毛毡、泡沫塑料等材料组成。通常情况下,顶盖受太阳辐射影响较大,顶盖隔热层厚度一般较大;为防止发动机传至车内太多热量,一般在朝向发动机的机罩面加一层铝箔。

3. 车身的防振和降噪性

由于车身骨架轮廓误差、蒙皮和车身骨架不能完全贴合,加之车身骨架立柱间有一定的空腔,客车行驶过程中往往会出现蒙皮鼓动并产生噪声。

目前比较广泛采用的措施是利用喷涂的方法,在蒙皮内侧和骨架所形成的腔内填充聚氨酯硬质泡沫塑料。聚氨酯硬质泡沫塑料属双组分发泡材料,喷涂3~5s后即产生化学反应,成为固化的发泡塑料并均匀地填满缝隙、牢固地黏结在喷涂表面上。这样除保证了前述的密封性和隔热性外,也因其增强了蒙皮骨架的阻尼而消除蒙皮的鼓动声,使车身的振动减轻,并降低了噪声。

4. 车身的安全性

汽车的安全性包括主动安全性和被动安全性。其中被动安全性是指车辆一旦发生交通事故时,如何避免或减轻车内人员被伤害的保护性对策,这主要取决于车身刚度匹配、车内软化和安全保护装置等。

车身壳体刚度在不同部位是有所差异的。通常情况下,乘客室的刚度相对于其前、后(发动机舱、行李舱)则应具有较大的韧性。当汽车发生正面碰撞或追尾等事故时,所产生的冲击能量可以在车身前部或后部得以迅速释放,以保证中部乘客室有足够的活动范围与安全空间。

车内软化主要包括车内蒙皮表面、座椅表面、车内扶手等所用材质及软化程度。相对而言,车内无致伤结构、表面柔软,在汽车发生碰撞、翻滚时,车体对人的撞击便会相对减弱,减轻对人体的伤害。

在目前状况下,安全保护装置用得较多的是安全带和安全气囊。安全带的主要作用是在汽车发生事故时对乘员适度限位,并靠安全带的作用减缓乘员因惯性作用可能遭受到的极大撞击力。对于安全带的技术要求,在轻拉和慢拉时乘员有完全的活动范围,不妨碍人的动作。当突然停车时,安全带会自动卡紧,将人固定在座椅上。总的来说,安全带装置简单、通用,但对乘员活动有一定限制,且效果不够理想。

只用安全带,正面碰撞时仍然存在转向盘和风窗玻璃等部件对头部和面部的伤害,而采用安全气囊则可以弥补这个缺点,安全气囊一般布置在乘员前面、侧面,当发生碰撞事故时能够在极短时间内充气至60~200L大的气囊型保护装置,避免人体碰到硬车体上,所以应用得越来越广泛。

## 单元练习

**活动1**:请查阅相关资料,下列哪些车型是承载式车身?哪些是非承载式车身?
大众捷达、丰田RAV4、荣威550、斯柯达明锐、路虎揽胜、斯巴鲁森林人、起亚狮跑。
承载式车身车型:_____。
非承载式车身车型:_____。

**活动 2：** 以下为汉兰达 3.5L 精英版 7 座车型标准配置（表 1-1-1），请结合车身性能分析其主要特点。

汉兰达 3.5L 精英版 7 座车型标准配置表　　　　表 1-1-1

| 卤素前照灯 | 可折叠外后视镜 | 后扰流器 | 车顶行李架 |
| --- | --- | --- | --- |
| 后侧隐私玻璃 | 前后雾灯 | 内后视镜 | 遮阳板（带镜/灯） |
| 织物内饰 | 织物内饰 | 手动前排座椅调节 | 驾驶席八项调节 |
| 副驾驶（座椅）四项调节 | 第二排座椅可倾斜/放平 | 40:20:40 座椅分割 | 中央座椅收起时两侧成独立座椅 |
| 第三排座椅可折叠、放平 | 可折叠头枕 | 前照灯自动关闭 | 无线门锁 |
| 手动前排空调 | 后排空调 | 6 碟连放 CD 系统 | AUX 多功能音频接口 |

# 单元二 车身本体结构

1. 能识别车身本体结构中每个组成部分的名称;
2. 能描述每个组成部分的特征及作用。

车身壳体是整车的骨架,主要由前车身壳体、中间车身壳体和后车身壳体组成,共同组成了完整的车身承载结构,承受汽车行驶过程中的各种载荷,对保护乘员,为发动机、底盘等系统总成提供安装支架,并成为车身前后板制件、内外装饰件及其他车身附件的装配基础。

## 一、轿车的前车身壳体构造

1. 前车身的功能及要求
1) 前车身的功能
前车身属于车身前部结构,又称为前钣金件。其主要功能如下:
(1) 形成发动机舱(发动机前置车辆),为发动机及附件提供一个护罩,防止前轮甩泥。
(2) 安装发动机总成、前悬架及转向装置等总成(对承载式车身而言)。
(3) 当汽车受到正面冲击时,有效地吸收冲击能量,保护后面的乘客室。
2) 前车身的要求
轿车前悬架大多采用独立悬架。众所周知,悬架装置是一个非常复杂的受力和传力系统。图 1-2-1a)所示为承载式前车身与前悬架间的装配及在静止状态下的受力关系分析图。此外,在汽车起步、制动、加速和行驶过程中,它还要受前后两个方向的附加惯性载荷。而当转弯时车轮还会受到横向力的作用。这些力都要从不同角度通过前悬架摆臂、纵横拉杆、减振器、悬架弹簧等,将来自各方向的冲击和振动载荷向前车身传递。因此,前车身尤其是承载式前车身受力极为复杂。

承载式前车身不仅要安装悬架装置,而且要安装发动机、传动系统的部分总成,以及前照灯碰撞传感器等涉及安全性的部件,前两者及悬架装置的安装位置对汽车行驶性、操作稳定性、前轮定位等有着至关重要的影响,后两者对行驶性能及安全性能更有极大的关联。再者,前车身的外表面一方面要体现美感和艺术性,另一方面还要体现出良好的流线以保证它的空气动力性和经济性。

此外,汽车在运行中难免发生碰撞事故,前车身还应成为在碰撞过程中的乘客室前面的一道有效的防护屏障。

因此,对前车身的要求是:

(1) 在构造上应确保足够的强度、刚度,并能有效地分散来自悬架系统的集中载荷。

(2) 它必须能在碰撞过程中减轻对乘客室的损坏。

(3) 分布于前车身上的,用于安装发动机、底盘各总成的各种支座、孔、支架等必须有足够精确的位置度,且其耐久性、可靠性也非常好。

(4) 前车身表面各构件在要求位置度精确的同时,在外观上还要体现与车身造型设计的和谐统一。

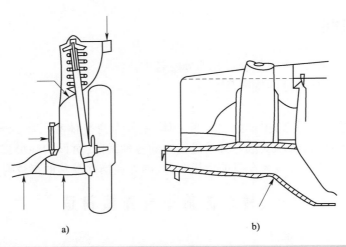

图 1-2-1 承载式前车身与前悬架
a) 悬架与车身的装配及受力情况;b) 前段纵梁截面的变化情况

一般而言,无论哪种轿车的车型,前车身都是由三大部分组成,即前车身的表面覆盖件、前车身的结构件、前车身的装饰件(主要是保险杠)。

2. 前车身的结构

由于轿车有承载式和非承载式的区别,两种形式的前车身的受力状况和功能又有所差别,因此,其前钣金件的结构也是不同的。

1) 非承载式车身的前部结构

这种车身由于有车架作为各总成部件的安装体,承受着各种主要载荷,因而车前钣金件只用于形成发动机舱、固定散热器、安装其他附属设备和支承发动机罩等,承载作用较小。因此,前部结构件较少,其组成如图 1-2-2 所示。

由于这种车身常用在一些高级轿车上,故其表面覆盖件的质量和技术要求较高。因此,前钣金件大都采用表面处理钢板,以提高构件的使用寿命。

2) 承载式车身的前部结构

承载式车身因为没有车架,其车身的前部不仅应具有非承载式的同样功能,还要用来支承发动机、驱动装置、悬架和散热器及承受各种载荷,因此,该结构较非承载式车身的前部结构要复杂得多。图 1-2-3 所示为大多数承载式车身的前部结构。

然而,同是承载式车身,其前车身的构造也会因发动机、前悬架和驱动形式等布置方案的不同而存在很大的差别。如:前置后驱动(FR)车与后置后驱动(RR)车,在结构上就有所不同。而前置前驱动(FF)车的前车身,又会比前两者的结构更复杂些。

对于 FR 车和 FF 车的前车身,最大的差别就在于支承发动机、转向机等的附件,而其他部分大体相同。

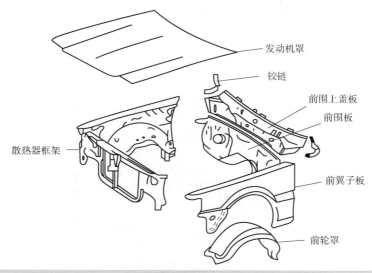

图 1-2-2　非承载式车身前部结构

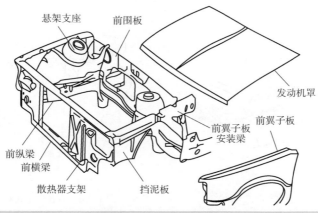

图 1-2-3　承载式车身前部结构

承载式前车身支承发动机的方式有下述三种。

(1) 副梁式。副梁是一种发动机的支撑架,但它并非和车身焊接成一体,而是用螺栓及减振胶垫固定的方式安装在车身上。这种结构,由于发动机、变速器、传动轴、悬架以及转向系统不是直接固定在前车身上,上述机构产生的振动往车身传递时,必然要经过弹性元件的衰减,因而这种发动机支承方式的静肃性较好。而且拆卸发动机总成等极为方便,只要松开螺栓,举升车身即可。副梁的结构如图 1-2-4 所示。

(2) 中间梁式。这是 FF 车辆发动机的主要支承方式,共主要特点是由一根托架作为发动机的中间梁。它安装于发动机中央的下方,因为发动机的横置,它和发动机成垂直角度,形成固定发动机前后方向的支座,而发动机的左右则是以左、右前纵梁来固定(图 1-2-5)。

(3) 直接固定式。直接固定式是 RH 车辆发动机的主要支承方式。直接固定式既无副梁，也无中间梁，而是直接将发动机固定于车前的加强梁上，例如前横梁、左前纵梁、右前纵梁、转向机总成支承梁等。但为了安装需要，还在这些加强梁上使用了一些固定支架，如图 1-2-6 所示。

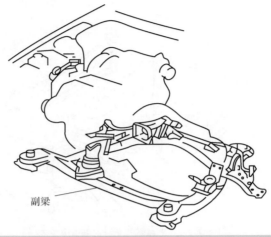

图 1-2-4　副梁式发动机支承

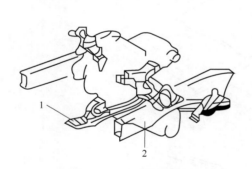

图 1-2-5　中间梁式发动机支承
1-中间梁；2-前侧梁

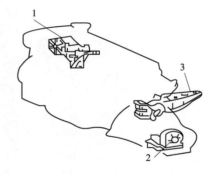

图 1-2-6　直接固定式发动机支承
1-右侧固定梁；2-左侧固定梁；3-后方固定梁

一般而言，这类本身除发动机罩和左、右前翼子板等覆盖件以及支承发动机的附件是可拆卸的外，基本上都是将车前结构件与车身主体焊接在一起，以形成一个四周封闭的承载体，其组成如图 1-2-3 所示。

3. 前车身主要构件

1) 保险杠

保险杠的作用是保护汽车前部的覆盖件免受刮碰或减少撞击对汽车的影响。保险杠在早期属于车架的一部分；现已成为大多数汽车车身整体的一部分，并具有明显的装饰性。保险杠通常用 2~4mm 的钢板冲压而成，或用工程塑料模压成型。

2) 发动机罩

发动机罩除了保护发动机、行车导流外，还要具有隔声、减振和避免与发动机运转声共振的功能。尽管不同车型的发动机罩结构和尺寸不同,但其特征结构是相同的。具体在单元三进行阐述。

3)翼子板

翼子板是遮盖车轮的车身外板,因旧式车身该部件形状及位置似鸟翼而得名。汽车翼子板按照安装位置又分为前翼子板和后翼子板,前翼子板安装在前轮处,必须要保证前轮转动及跳动时的最大极限空间,因此设计者会根据选定的轮胎型号尺寸用"车轮跳动图"来验证翼子板的设计尺寸。后翼子板无车轮转动碰擦的问题,但出于空气动力学的考虑,后翼子板略显拱形弧线向外凸出。现在有些轿车翼子板已与车身本体成为一个整体。但也有轿车的翼子板是独立的,尤其是前翼子板,因为前翼子板碰撞机会比较多,独立装配容易整件更换。有些车的前翼子板用有一定弹性的塑性材料(例如塑料)制成。塑性材料具有缓冲性,比较安全。具体内容在单元三进行阐述。

4)前围总成

轿车车身前围总成是指分隔发动机舱和乘客室的那部分结构,由于承载式前车身结构件分别由前后横向承载单元和两侧的纵向承载单元构成,因而它属于横向承载结构件。

前围总成不仅是发动机舱的一部分,也是乘客室的一部分。从它所处的特殊位置考虑,它不仅决定着车身边两部分的扭转刚度,更直接关系到乘客室的舒适环境和安全。必须在结构上顾及车身整体的刚度和强度,发动机舱和乘客室内空间大小、环境、总布置以及附件的安装等。因此,要求轿车车身的前围总成必须具备如下功能。

(1)应有良好的隔热、密封、隔振和隔声效果。

(2)作为各种部件的安装基础,具有支承转向轴;支承并安装前风窗玻璃;安装空调装置及其通风管道;支承和安装仪表板;安装制动器、离合器踏板支架;安装刮水器等附件。

(3)适应车身的总体布置要求。能够在它上面设置外部空气的吸入口、通风道、泄水通道以及车身电器的布线等。

(4)确保车身扭转刚度,并提高撞车安全性,有效地控制座舱前壁和转向柱在撞车后的向后位移量。

轿车车身前围总成一般由前围盖板、前围板(也叫中隔板)、前围侧板(有的书把转向柱横梁也作为它的一部分)等构件组成,如图1-2-7所示。

①前围盖板。前围盖板又称发动机罩支承架,一般由盖板外板、盖板内板以及加强板等构件焊接而成。

前围盖板通过两侧的端板与车身左右侧围的前支柱焊接,是横贯车身左、右前门柱的梁式构件,必须具有很大的强度和刚度,尤其是扭转刚度。为了满足这些要求,同时为了减少自重,通常利用高强度钢板冲压并焊接成封闭式的断面

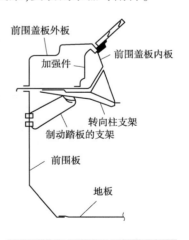

图1-2-7 轿车前围结构断面示意图

结构。为了强化撞车时对乘客室的安全保护,形成一种即使前围盖板的前端被撞坏,其后端也能保持一定的完整性或产生有限的向后位移量,还在前围盖板的断面内插入加强板来增强盖板内板的强度,如图1-2-8所示。

由于前围盖板上部必须安装风窗玻璃,下部安装前围板,因而盖板上侧设有玻璃止口并

依据玻璃和前围板的位置将其分成内板和外板两部分。内板用来安装空调、仪表板等车内部件,外板用来安装发动机罩铰链等。

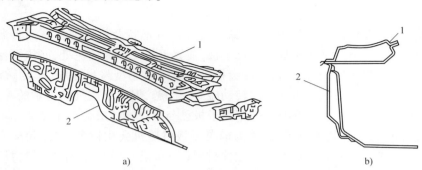

图1-2-8 前围盖板与前围板
a)结构图;b)结构示意图
1-支承架;2-前围板(中隔板)

前围盖板在外板的上侧设有通风口,也兼作泄水口,以适应车内通风以及风窗表面泄水的要求。通风口设在此处是因为:作用于汽车前部表面的空气的一部分,行驶中会在轿车前风窗下沿处变成较大压力的气体涡流,这部分涡流向两侧分流困难,会形成较大的行车阻力。将此处设作通风的进气口,可大大减少空气阻力。同时,因该处气流压力大,又能加大车内的通风能力。此外,该处也正是风窗表面雨水下流的集结地,该通风口又是兼作泄水的最佳部位。

进气口可分为可见式和隐蔽式两种。图1-2-9所示为进气口和风道的布置。对于进气口可见的结构形式,常在盖板外板上安装通风盖板(也叫导流板),因为要符合造型设计要求,通风盖板通常用塑料制成梳篦状,同时防止腐蚀。对于进气口隐蔽的结构形式,则是借助发动机罩的后缘将盖板外板上的进气口遮挡住。而且刮水器也采用隐蔽或半隐蔽的方式布置在发动机后端与风窗下沿之间的间隙内。后面一种布置形式更有利于适应汽车空气动力特性的要求。

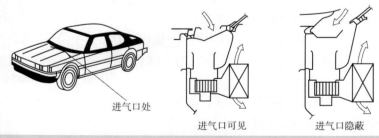

图1-2-9 发动机罩后端进气口和风道的布置

前围盖板的封闭式中空断面,自然就成了空气的导入风道以及泄水通道。空气和污水通过这条通道进入中空的前门柱内,空气从门柱的侧孔和仪表板的风口吹入座舱内。污水进入门柱后,从门柱底部设置的流水槽排出,从而也解决了车身结构中的部分防腐问题。

②前围板。前围板位于乘客室前部,发动机舱与乘客室就是通过它而分开的,它是发动机舱与乘客室的主要隔离构件,因此也称其为中隔板。

前围板一般用具有绝缘性能的高强度钢板冲压成形。起主要隔离作用的板面下部采用约45°的斜壁设计以便驾驶人搁脚,在下边弯成一定角度后与地板连接,上部边缘与前围盖板底部焊接，两侧边缘则与前围侧板或车身侧围的前门立柱连接。有些小型轿车，则将前围板的两侧冲压成前轮罩的一部分。

有些车上的前围板用一块整板冲压而成，更多的是用多块板件分别冲压后再组焊成一体。由于它上面常常安装离合器及制动器踏板支架，承受来自乘客室内乘客、物品等载荷，并起着加固中间车身壳体的作用，其上依据布线的需要制有各种大小不同的孔眼。为增加前围板的刚度，往往在其表面上冲压出用于安装各种装置的凸台或凹台，以及纵横方向不同、形状各异的加强筋。

前围板的另一个主要功能是隔离来自发动机的各种噪声、热源、振动。因而，前围板表面，尤其是内壁上大都涂有沥青、毛毡、胶棉等隔声、减振性材料，形成一种内覆层，以求乘客室振动小、噪声低、热影响小。为加强这种隔离效果，有的前围板则采用叠层钢板材料；有的车上还采用双重式结构，利用两板之间的空气夹层来充分扩大隔离效果。这种结构中，靠近发动机舱一侧还起到刚度上的辅助加强作用，靠近乘客舱一侧则仍用高强度钢板冲压成形。

转向柱支架也是安装在车身的前围结构上的。为保证支架支承结构的刚性，抑制转向柱的振动，有时需要在两个车门前立柱之间加设转向柱支架横梁，并且在前立柱侧面增加侧向加强支架来保证转向柱支架的安装刚件。

5) 前悬架支承座

承载式车身两侧的纵向承载单元又称为前悬架支承座总成，由于它下部留有车轮的活动空间，底部呈拱形，因而北方一些汽车配件市场称其为前悬架支承座，并有左、右之分。非承载式车身也有称为前悬架支承座的钣金件，但其结构和功能较承载式要简单得多。

(1) 前悬架支承座的功能与要求。

承载式车身前悬架支承座的功能是：为悬架提供安装基体，形成保护发动机免受路面污泥飞溅的车轮罩，提供各种发动机舱的零部件的固定面以及支承翼子板上缘，同时还要保证撞车时对乘客的保护。

鉴于承载式车身前悬架支承座的功用，由此对它有两个要求。

①承载式车身前悬架支承座不仅有足够的强度和刚度，还应有合理的纵向刚性。一般是在车身被压缩变形时，能吸收撞击能量，防止发动机被撞入乘客室，防止转向机构被撞后移，保证乘客室变形最小，减小撞车时产生的加速度。

②安装时符合严格的位置和形状精度。因前悬架支承座的一些安装孔位置常常影响到发动机和传动系统的装配精度、影响到转向系统的前轮定位、甚至影响碰撞传感器作用的灵敏度。因此，它自身形状和位置是决定发动机以及悬架安装位置是否正确的控制点。安装时必须确保其上各个安装部位的位置精度。

(2) 前悬架支承座结构特点。

承载式车身前悬架支承座几乎都是一个集成件，并针对承载式车身前车身的受力特点，将这个合件制成如图1-2-10所示的箱形封闭式结构，以

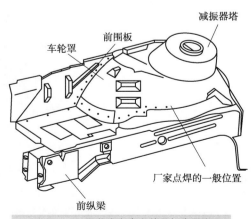

图1-2-10 承载式车身右前悬架支承座

保障其有足够的强度,同时能将独立悬架系统中车轮传递的集中力分散到前车身上,以实现力的分散与平衡。

整个合件由前翼子板骨架、防护挡板(或称前围侧板)、悬架支座(或称减振器塔)、前纵梁、减振器塔座(又称前轮罩)等多块钣金件组焊而成,由于各构件的连接处强度不足是产生裂纹的主要原因,常常设置有各种加强板,以提高其连接强度。在这个合件上还布置有发动机支承架、蓄电池支承座等。合件前端焊接在散热器支架上,后端焊接在中间车身的前围板上。当然,不同车型中,其中的每个分件又有可能由一整块钣金件或几块单独钣金件合焊构成。

轮罩底部焊接的纵梁结构不仅是上下的主要承载构件,也是前后的主要承载体,为保证无大的应力集中而与车身主体连接,一般采用两种连接方式:一种是前纵梁大面积地过渡到前围板,另一种是通过挡泥板来连接。

组成前悬架支承座总成的各个钣金件,少数的是冷轧钢板,大多是高强度钢板。例如,麦弗逊悬架塔座是承载部件,通常由高强度低合金钢板制成。纵梁和加强件也常由高强度钢制成。

为了提高前车身对冲击能量的吸收效率,除了加装保险杠外,还在前纵梁(包括发动机罩骨架上)上设置压扁区,以便当汽车受到冲击时,使该处优先变形,充分吸收撞击能量,减缓对中间车身的冲击,形成对乘客室的安全保护。此外,为满足承载和对前悬架、转向系统等支承力的受力要求并使载荷分布均匀,前段纵梁前细后粗形成不等的断面,以适应不同断面上的载荷变化。

非承载式车身的前悬架支承座由于功能简单,因而结构也不复杂,通常没有悬架支座。发动机和悬架零部件固定在车架上,利用轮罩(有时也称为裙带)防止路面灰尘进入发动机舱和翼子板内侧。轮罩也为翼子板上缘和发动机舱的零部件提供固定点。轮罩用螺栓连接到翼子板、前围板、散热器支架上(图1-2-11),而在某些车辆上则连接到车架上。也有一些车辆用一块内钣金件将轮罩和发动机零部件隔开。

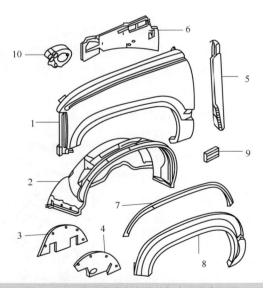

图1-2-11 非承载式车身前悬架支承座分解图
1-翼子板;2-轮罩;3、4-加强件;5-密封条;6-绝热挡板;7-轮罩镶口嵌条;8-轮罩镶口;9-轮罩装饰;10-发动机舱工作灯座

车身前部的车架(即纵梁和横梁)才是发动机、变速器和悬架的主要支承部分。

6)散热器框架总成

散热器框架的主要功能是一方面用于安装散热器、前照灯等;另一方面起到加固车身前部刚度的作用。

散热器支架结构比较简单,但也依据车型的不同有各种形式,大都由几块钣金件焊接在一起形成框架式结构,而且下边框常常直接利用车架的前横梁。常见的有两种形式,一种是将整个支架制成一个整体板的结构,如图 1-2-12 所示,它由一个上横梁杆、一个下横梁以及左、右隔板等构成。另一种则是分体结构,如图 1-2-13 所示,当然这种分体式散热器支架最后也是焊为一体的。与前横梁制成一体的散热器框架一般是点焊到纵梁上,以使安装散热器等。

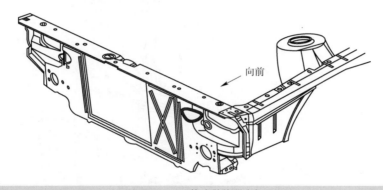

图 1-2-12　整体式散热器支架

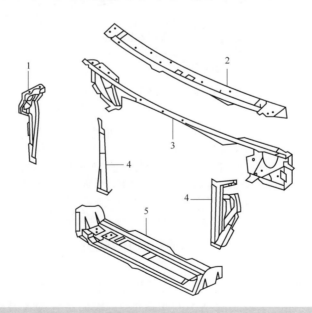

图 1-2-13　分体式散热器支架
1-支架;2-上横梁;3-前板;4-加强板;5-下横梁

## 二、轿车的中间车身壳体构造

中间车身除承受上下弯曲的弯矩外,还承受来自不同方向的扭矩;车身下部的冲击与振动也通过车身地板向上部扩散,车辆发生碰撞事故时也需要由中间车身来抵抗变形,受力相当复杂。中间车身的构造如图1-2-14所示。

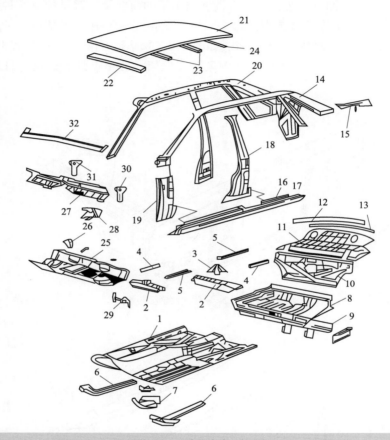

图1-2-14 中间车身的构造

1-前地板;2-前座支架横梁;3-前座导向支架;4-前座滑槽;5-前座导轨;6-纵梁;7-变速器托架;8-后地板前部;9-后地板加强板;10-后隔板;11-后隔板上板;12-后隔板支承板;13-后风挡下板;14-顶框外侧板;15-水槽密封板;16-内门槛;17-外门槛;18-B柱(中支柱);19-A柱(前支柱);20-顶框内侧板;21-车顶;22-车顶前横梁;23-车顶加强板;24-车顶后横梁;25-前围上板;26-前围上板支架;27-转向器支架横梁;28-转向管柱支架;29-中央电器板支架;30-仪表板左支架;31-仪表板右支架;32-前风挡下板

现分别对中间车身的底部、侧面、顶部的特点予以说明。

1. **车身地板结构**

现代轿车为满足造型和视野等要求,广泛采用细窗柱、大面积的玻璃和薄车顶等结构形式。为增大运载能力,加大车身底部结构的承载能力,增加对驾驶人及乘客室的保护作用,要求车身地板结构有更高的强度和刚度。加上地板结构的防振、隔声和防腐性能的较高要求,以及车身室内居住性和舒适性对地板布置的影响,使得车身地板结构成为车身结构中最为重要的结构之一。

由于车身地板结构是车身运载质量的支承部分,必须有足够的强度和刚度,因此,无论是非承载式车身还是承载式车身,除地板构件本身外,大都在车身的地板上设置各种加强梁、连接梁等附加构件。但两者的门槛却有较大的区别。

1) 承载式轿车地板

在承载式车身上,由于整车载荷必须由车身承担,而车身底部结构又是安装底盘各总成部件的载体,汽车所受的各种力都要通过各部件的固定点传到中间车身的底部结构件上,因此为了满足车身底部结构的这一承载特点,不仅需要在结构上将地板、前围板和车身前部承载件牢固地连成一个具有较大强度和刚度的完整承载体,还要在地板上加设众多的加强梁(地板梁),并采用抗扭刚度最大的断面封闭式的箱型结构,如图1-2-15所示。

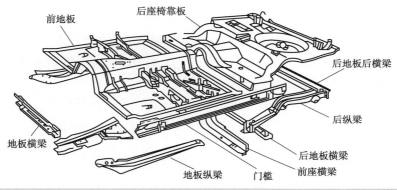

图1-2-15　承载式车身地板结构

(1) 地板及附件的结构。

地板指车身座舱和行李舱下的板制构件,是根据车身内部的总布置和结构强度设计要求进行分块制作的。一般分为前地板、中地板和后地板。主要由地板、地板梁、支架、地板通道、连接板、座椅支架等部分组成。

地板构件本身为符合室内布置居住性,以及满足布置备胎和油箱等的需要而被冲压成各种形状,如通道凸包、阶梯形的地板等。为了提高地板构件强度和刚度,除了在地板上布置有各种加强筋、各种形式和结构的支座、连接板等构件外,还焊接有许多的结构加强件。

地板梁是地板的主要结构加强件,是中间车身的重要承载构件,一般都焊接在地板上。地板梁主要有前地板横梁、后地板前(后)横梁、地板座椅横梁、地板前纵梁、地板后纵梁和其他地板加强梁等。

这些地板梁均采用不同厚度的钢板材料冲压,不同的断面形状根据布置、连接关系和强度的要求有所变化,以求在满足强度要求的前提下,尽量降低地板高度。

前部纵梁和后部纵梁与地板的连接,采用叉型梁设计原理,焊接在地板下面,以求将力分成许多分支进行传递,使车身地板受力均匀。

为了车身测量与维修方便,在车身的横、纵梁上还制有一些基准孔。地板通道是指覆盖变速器及允许传动轴和排气管等通过的地板上的凸起结构。同时起到加强地板以及中间车身的纵向刚度的作用。

(2) 地板的连接形式。

地板前端一般与前围板的下部焊接，后部与后车身地板制成一体，左右直接焊到门槛梁上。

2) 非承载式车身地板

在非承载式车身上，因整车的载荷由完整车架来承担，地板的受力情况相对简单得多，只是在布置形式上与承载式车身地板相当，因此地板的形状与承载式的大同小异。地板也通过焊接各种纵向和横向的地板梁以及外伸托架等构件加强，但构件的数量少得多。地板通过车身悬置点支承在车架上。

由于地板高度受车架高度的影响，其形状以及受力状况又受车身的悬置结构和悬置点布置的制约，为使地板受力均匀，降低地板高度，地板梁的布置和断面形状就因各种车型底部结构的不同而有较大的差别。

## 2. 车身侧围结构

车身侧围结构是指车身两侧的钣金件（除车门外），其作用是形成车门口并为乘客的乘坐空间提供支承。车身两侧钣金件主要包括：车门立柱（对于四门汽车，还包括中立柱）、车门槛板、车顶盖加强梁和后围侧板。

也有一些新型的承载式车身，将不包括后围板的两侧钣金件焊接在一起，使其作为一个总成，以简化工艺，减少在焊缝处分割各个钣金件的时间。

1) 前立柱

前立柱也叫前门柱（或叫 A 立柱）。其作用就是作为乘客室框架梁的前部支承，用来固定前风窗玻璃和安装车门等。

由于前立柱既是车身的结构件，又有表面覆盖件的作用，故对其有特殊的要求：

(1) 前立柱外板的表面形状应与车身表面的造型要求一致，而立柱的内板在形状上要避免尖角转折，降低车内人体撞击时的伤害程度，并方便安装内饰。

(2) 具有足够的刚度和强度，以便安装一些附件，并与前围构件、前风窗上横梁、车身前部构件等形成牢固的连接关系和连接强度。

(3) 保证有较高精度的装配尺寸，前立柱与前围盖板以及仪表板两端应有良好的装配关系，与车门以及前翼子板的位置应具有良好的动态配合关系，确保良好的密封结构。

前立柱是由前风窗立柱（上段）、前门立柱（下段）和前侧挡板等焊接形成的一个整体构件，其中前风窗立柱和前门立柱分别由薄钢板冲压成内、外两块板，并与一些加强板件焊接在一起形成牢固、紧凑的结构。这些钣金件能整体更换，也能把它们分离，予以单独更换。

为满足构件的承载刚性和强度要求，前立柱各部分截面大多焊成封闭的，如图 1-2-16 所示。为了保证驾驶人的视野要求，立柱的上段较细，而下段较粗，这是因为下段还兼做隐藏式流水槽和车内通风风道，需要有效地降低空气阻力和避免风动噪声以及流水阻力的缘故。

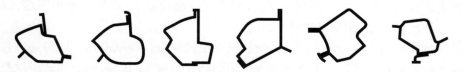

图 1-2-16　前支柱的断面形状

由于安装车门、玻璃,以及密封、车顶排水等的需要,车门铰链处设行加强板,上段风窗立柱部分设有前风窗玻璃的安装止口。

2) 中立柱

对于标准型四门轿车,中支柱(也叫 B 立柱)的主要功用是:为车顶盖提供中间支承,为前车门提供门锁接触面,又兼作后车门的铰链门柱。

现代轿车的中立柱多采用隐蔽式布置形式,即玻璃窗以下完全被前后车门遮住。

中立柱焊接在车门槛板、底板和顶盖纵梁上。一般由中立柱的内板、外板以及加强板焊接在一起,形成一个紧凑的结构。有些车型的中立柱仅往上延伸到汽车车身腰线为止。

因考虑视野要求,中立柱一般上部制作得较细小,下部因为要安装门铰链、安全带装置等,为增加强度和刚度制作得粗大,并带有加强件。其断面亦呈封闭状,且不同车型以及同一车柱的各部分形状也不同。为了提高连接强度和精度,上面与车顶侧边梁的焊接处常常在内部设有对中用的芯板。为了上下车的方便,中立柱的上端向内、向后略微倾斜。

3) 后立柱

四门轿车中,后立柱(也叫 C 立柱)一般由后上立柱和后下立柱焊接而成,形成中间车身侧围框架梁的后部支承构件,其中后上立柱兼作后风窗支柱,用来固定后风窗玻璃。因此其上设有后风窗玻璃的安装止口,以及与后车门的配合止口。

四门轿车的后立柱往往与后翼子板和后轮罩焊接成整体结构,从而加强后立柱的承载强度以及后立柱与车身底部构件的连接强度。也有将后上立柱的外板与后翼子板整体冲压成型的。

对于双门轿车,一般由后立柱、后翼子板、后侧围内板、后轮罩和风窗立柱(或后车门立柱)等构件焊接为一体,形成车身侧围后部的整体支承部分,有些车型还在其上安装侧围的后窗。因此,双门轿车的后立柱也包括了后风窗立柱或后门立桂(侧围框架梁式结构)。

由于接后立柱的后侧围附近大都布置有后悬架支座,受力较复杂,为了使后部地板载荷能有效地传递到车身侧围结构上,一般轿车都在后立柱的底部焊有地板的加强横梁,并把后纵向加强梁也延伸过来。同时,为增加立柱的强度,有的车在其结构断面内设置有加强板。

4) 门槛梁

门槛梁是指支承车身侧围的前、中和后立柱的下边梁。非承载式车身中,常以车架代替。承载式车身中,一般独立制成并与地板焊合,为减小质量、提高强度和侧面碰撞安全性,大都制成封闭断面,有时在门槛断面内还加设加强板。

(1) 门槛梁的作用。

众所周知,中间车身最基本的要求就是保证撞车时座舱的完整性。

有人统计过,一般正面碰撞时车身前部结构要吸收 80% 能量(其中 70% 分配给纵梁,25% 分配给轮罩,5% 由翼子板接受),而其余 20% 的能量仍要直接传到中间车身。可见,纵向撞击力只能由地板、车顶板和车门槛来承受。对于侧面碰撞,尤其是高度较低的碰撞,门槛将直接接受侧向力,并通道门槛将侧向力传给底部各个横梁等构件,因此门槛梁一般要完成下面两种方式的传力:地板所承受的垂直载荷,须借助于门槛梁才可有效地传递到车身的各部结构件上;车身正面和侧面碰撞时产生的侧向力,也要借助于门槛梁传递到车身底部结构的构件上。

因此,合理的地板梁结构以及地板、地板梁、门柱等与门槛梁的连接关系,是提高车身的承载能力和乘客室安全性的关键。从这个意义上讲,为防止地板发生皱、弯等变形,门槛梁必须具有足够的、满足强度和刚度要求的断面尺寸。

(2)门槛梁的结构及与其他构件的连接关系。

承载式车身的门槛梁通常由内、外门槛板件组成。门槛板由高强度的钢板冲压成型,并互相焊接成封闭的箱型梁式结构(即两件式)。一些车辆上。在箱型封闭壳体内装设加强板(即三件式)。中空的门槛梁腹腔可以用来穿燃油管线、电缆线等。在四门式车辆上,通常在门槛梁与中柱的连接处另附以加强件。多数门槛梁还附有踏足平台或盖板(一般称此为门槛)。门槛由铝或塑料制成,用螺钉将其固定到门槛梁上。

门槛梁通常被焊接到车前侧板、中立柱(在四门车辆上)和后围侧板上。当然,在承载式车身车辆上,门槛梁还要焊接在前纵梁上,并直接与底板焊接,形成坚固的底板结构(图1-2-17)。车门槛板有时可与中立柱或风窗立柱一起视为一个总成,内、外门槛板可以单独购买或作为一个整体更换。

在非承载式车身的车辆上,也有类似的门槛板(习惯上也叫门槛梁)焊接在地板上,门槛梁以车架代替。由车架为乘客室地板提供支承,如图1-2-18所示。

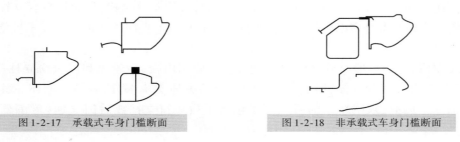

图1-2-17 承载式车身门槛断面　　　　图1-2-18 非承载式车身门槛断面

5)侧围顶梁

侧围顶梁是处于车身侧围的顶部,用以支承顶盖,并连接车身顶部前、后部分的梁式构件;也是形成门上框,并作为侧车身承受大面积碰撞时的承载梁。它具有较大的强度和抗弯及抗扭刚度。对于四门轿车,侧围顶梁(或称顶盖侧梁)、前立柱、中立柱、后立柱以及门槛等构件焊接在一起后,就形成了具有两个门口的侧围框架,能大大加强中部车身在受到正面撞击时的变形能力。显然,它和门槛构件一样,既是中间车身的纵向加强梁,又是中间车身的上部纵向连接梁,在车身结构中起着重要的作用。

由于侧围顶梁的质量、弯曲和扭转刚度,对整车的承载、抗弯曲和抗扭转的能力影响很大,因此,顶盖侧梁一般由强度较高的内、外板冲压件焊接而成,其断面形式多用封闭的箱型结构。除此之外,考虑到车身的侧向视野、造型、内部的头顶空间、上下车的方便性、结构密封和防腐等要求,顶盖侧梁的断面结构又演化成图1-2-19所示的几种断面形状。对于硬顶轿车,由于无中立柱支承,往往还要对顶盖侧梁进行加强。

由于顶盖侧梁又与前后横梁焊接,从而形成中间车身的顶上圈梁,并分别与两侧车门及前、后风窗玻璃配合,密封和防水问题比较突出。因此,现代轿车的顶盖侧梁已广泛采用一些新型结构,归纳起来有以下几种。

(1) 全门式结构的顶盖侧梁。即从侧向看,看不见流水槽和侧梁,把车门窗框提高到和顶盖侧边平齐的高度上,如图 1-2-20a) 所示。

(2) 顶盖侧梁部分的表面一体化和平滑化处理。图 1-2-20b) 所示为无流水槽的表面一体化设计。图 1-2-20c) 所示为流水槽不突出车身表面,而只在车身表面上开出沟槽的表面平滑化设计。

(3) 顶盖侧梁采用非金属合成材料流水槽结构,如图 1-2-20d) 所示。

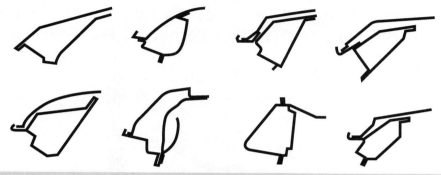

图 1-2-19 顶盖侧梁的断面形状

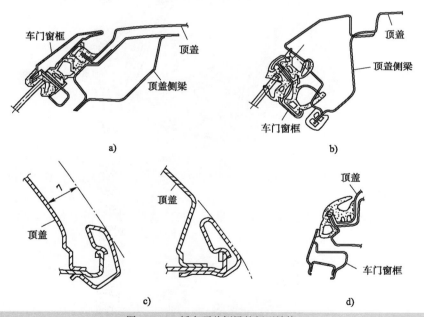

图 1-2-20 轿车顶盖侧梁的新型结构

显然,这些结构形式对于增大车窗面积、减小空气阻力和风动噪声、提高防腐性能也是有利的。

3. 车顶盖

车顶盖是车厢顶部的盖板。对于轿车车身的总体刚度而言,车顶盖不是很重要的部件,这也是允许在车顶盖上开设天窗的理由。从设计角度来讲,重要的是它如何与前、后窗框及与支柱交界点平顺过渡,以求得最好的视觉感和最小的空气阻力。具体在单元三进行阐述。

## 三、轿车的后车身壳体构造

轿车后车身是指乘客室后侧用于放置行李、物品的那一部分。

后车身的主要功用是：与前车身共同完成整个车身的造型，形成完美的车身流线，减少行车阻力；装载行李物品，并封闭整个车身；承受重力以及来自后悬架等各个方面的载荷；在汽车发生追尾碰撞时保护中间车身即乘客的安全。

因此，后车身的结构必须满足以下要求：有足够的强度和刚度；严实的密封；较大的空间以及合理的内部结构布局；与整车协调一致的外形轮廓表面；在被追尾碰撞时，有一定的吸收能量的功能。

一般而言，后车身的结构形式可按与中间车身的连接关系分为两种：

（1）行李舱与乘客室合为一体的贯通式结构（图1-2-21），这是两厢式轿车特有的结构形式。

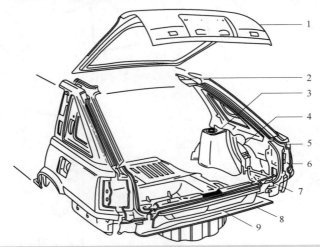

图1-2-21 贯通式后车身结构零件部件
1-尾门板件；2-车顶内部侧围板；3-后围板轮罩内板件；4-轮罩外板件；5-车顶后内板；6-后侧围板；7-尾门底端板件；8-后部地板；9-后部底端围板

（2）行李舱与乘客室分开的隔开式结构（图1-2-22），这是三厢式轿车上常见的结构形式。

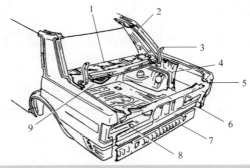

图1-2-22 隔开式后车身结构零部件
1-后围上盖板；2-车顶内侧围板；3-行李舱盖铰链臂；4-后侧围车轮罩板件；5-后侧围板；6-后下围板；7-后裙板件；8-后底板；9-后座椅支承架

实际上，后车身的底部和侧面是中间车身侧体和地板的延长。也就是说，无论属于哪一种形式，车身后部的地板和侧围都可以看成是中间车身的一部分。只不过，对于三厢式车身，在中后部加了一层隔板，使后面专用做行李舱，并将两侧低下一块，形成了台阶，以求得与发动机舱对称的外形。对于两厢式车身，不仅没有加隔板，反而将车顶也做了相应的延伸。

后车身一般由后侧围板、地板、行李舱盖、后保险杠等组成。

三厢式车身的后部结构较两厢式复杂。它还包括后窗台板、后围上盖板、后挡板、后尾板及各种连接板和加强板等。

1. 后侧围板总成

后侧围板总成是从后门柱、车门槛板和顶盖一直延伸到车身尾部的侧面部分，分左右对称的两块，形成后车身的两个侧围。典型的后侧围板总成由以下零件组成：外板件、后窗侧板件或顶盖延伸板、内板件、外轮罩、内轮罩以及各种加注口、延伸件、角板和加强件，其组成如图1-2-23所示。但是，在现今承载式轿车车身中，由于车型档次的不同。其结构也存在较大的差别，而且其中许多零部件由高强度的钢板制成，并将其两侧电镀。图1-2-24所示则是另一种两门轿车的简单结构。

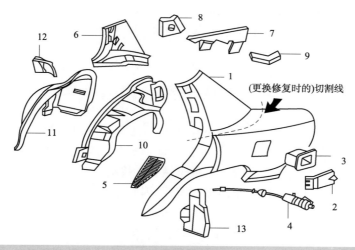

图1-2-23 后侧围板的组成

1-后侧围外板；2-加油口盖；3-加油漏斗；4-电动锁执行机构；5-泄压通风口；6-内侧上板件；7-内侧隔板；8-内侧隔板托架；9-外侧隔板托架；10-外轮罩板；11-内轮罩板；12-轮罩填料；13-油箱输油管护板

1）外板件

外板件也叫后侧围板总成上的外侧板件，是后车身侧表面的装饰板件，它由面板以及一些附件构成，其形状和附件随车型而异。

在有单独的后门立柱的车辆上，外板件被焊接在车门槛板、顶盖纵梁、后门柱、后底板延伸件、窗台和后窗柱、外轮罩等上面，以便在外板件损坏时，能按照厂家所给的接缝拆开，予以修复或更换。在没有单独后门柱的车辆上，外板件或轮罩以其边缘形成车门门框，提供关门时与门的接触表面。

外板件的表面通常制有各种筋和型线，下部制成环状凸起，与车轮外廓相适应，从而与整车的艺术美感协调。其中的一侧外板件还制有燃油加注的安装凸起(实际上是内凹),有些车型的外板件上部还开有后角窗,以增加车内的视野。一般还留有用于车内通风的出风口。

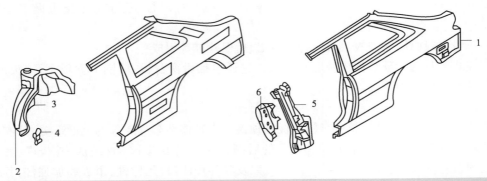

图1-2-24 两门轿车的后侧围板
1-后侧围外板;2-内侧板总成;3-内侧轮罩;4-立柱;5-中柱加强件;6-座椅安全带隔板

一些车辆的后侧围板有后延伸板。后延伸板在非承载式车身中非常普通,但在承载式车身车辆中不多见。这些小板件通常用螺栓将其固定在外板件上,填充后外侧板和后车身板件的空隙有时可作为后灯的安装面。后延伸件通常由印模压铸的白合金、纤维玻璃、塑料组成。

有些书籍将车身腰线之上到顶盖之间的板件称为后窗侧板件,把它看成是顶盖总成的一部分。但更多的情况下,将它看成是外后侧板的一部分,是外板件向上延伸的部分。

2) 内板件

在一些车辆上,除有一块外侧板外,还有一块(或更多的)内侧板。在这些车辆上,内侧板件被焊接在外板件(无单独门柱的,与外板一起形成后门柱)、门柱、轮罩总成和底板上。内板件也是乘客室和行李舱的支承板。如果车辆有可移动的后侧窗,则调节器、槽和手柄都安装在内侧板上。内板件通常被汽车内饰所覆盖,因此它是不是露在外的板件。

3) 轮罩

轮罩为后轮提供飞溅物的防护,保护后围侧板后侧边和行李舱免受路面飞溅物的损伤,它也构成行李舱的一侧。轮罩通常由两个板件组成:内板件和外板件。内轮罩焊接在外轮罩、后窗台、后底板和顶盖侧纵梁上。外轮罩焊接在内轮罩和外侧板上,也是一块不露外观的板件。

2. 后围上盖板

后围上盖板也是底座椅支承架的盖板,与后窗框组合后,形成连接车身左、右侧围后支柱或侧围内壁的横梁,并与后座椅支承框架、后挡板和后轮罩内板共同组成座舱后面的隔壁。它不仅用于隔断乘客室和行李舱,还用来保证车身后部结构的扭转刚度,安装和支承行李舱盖。

此盖板几乎都是采用封闭断面的结构,共处在车内一侧的宽大上表面,因靠近后窗常被称为后窗台,在后面安装行李舱盖铰链处还设置有加强板等构件,并设置流水槽结构且与行李舱盖保持良好密封。

**3. 行李舱盖**

行李舱是装载物品的空间,是由行李舱组件与车身地板钣金件构成,位于轿车车身的后部。

**4. 地板及纵梁**

如上所述,后车身的地板主要用于装载行李物品、承受重力,以及承担来自后悬架等各个方面传来的载荷;并在汽车发生追尾碰撞时保护中间车身的安全。

由于悬架摆臂、拉杆、轴总成、燃油箱、制动器和输油管等都安装在车身地板上,而来自汽车后悬架的主要载荷,尤其是对于后轮驱动的车辆,驱动力也通过车桥、悬架直接作用于后车身地板上,因此,后车身地板的强度和刚度要求很高。为确保后车身的强度,往往在地板上附焊加强梁,尤其是纵梁,其焊接方式是:纵梁的前部焊到车身地板上,由中间车身径直向后延伸,到相当于后桥部位再形成拱形弯曲。这样,既保证了后车身的刚度,又不至于使后桥与车身发生干涉。而且,当车身后部受到追尾碰撞时,还能瞬间吸收部分冲击能量,以其变形来实现对乘客的有效保护。

后车身的地板及其加强梁、附件数量虽然不多,但各个构件的形状却较复杂,如图1-2-25所示。然而,这些复杂的形状只是为了提高刚度、强度和焊装的需要。这些构件的连接大都是利用点焊相连的。

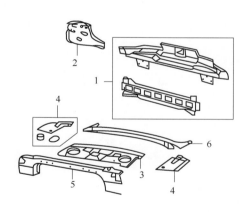 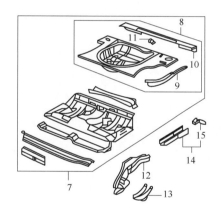

图1-2-25 后车身的地板及加强梁、附件

1-后车身板;2-后板件延伸板;3-行李舱板;4-行李舱板延伸件;5-行李舱板加强件;6-后窗板件;7-行李舱板件总成;8-后地板总成;9-隔热板;10-后板件;11-支承板;12-前地板纵梁;13-后悬支架;14-后地板纵梁总成;15-后纵梁加强件

**5. 后车身的其他构件**

后车身还有许多其他的板件和附件。

1)后尾板

后尾板通过后围板加强板与地板结构连接,左、右两端与后翼子板的尾部连接,其上常冲压出尾灯的安装结构。

2)上后车身板

上后车身板位于后窗底边和行李舱盖之间,焊接在后围侧板上。在一些车辆上,上后车身板是后窗台的一部分。一些车辆还有精加工板件安装在后车身板的外侧。

3)附件

除了上述的一些构件外,后车身还有其他许多附件,如集水板、防后板和(或)下框架、后灯总成支架、锁芯、门闩和锁销,各种密封条、饰条等,就不一一介绍了。

 **单元练习**

**活动**:请查阅相关资料找出全新奥迪 A4L 2.0TFSI 豪华型车身结构图并制作成 PPT;分析其车身结构特点,并进行展示。

# 单元三　轿车车身覆盖件

## 学习目标

1. 能描述常见车身覆盖件的特点;
2. 能区分不同车身覆盖件的生产要求和特征。

车身覆盖件的结构和形式随车身结构的形式和生产方式不同存在较大的差异。但其共同特征是具有形状复杂的空间曲面,表面光洁、刚性好、美观等。单个生产的汽车车身覆盖件往往以钣金和手工工艺生产为主,使用少量的拉延、成形模具,产品的质量在很大程度上靠手工来保证;小批量生产的汽车车身覆盖件成形加工工序主要放在液压机或机械式双动压力机上靠简易冲模拉延出来,然后将已成形的拉延件在滚剪、振动剪及一些专用胎具上按样板用手工操作或使用机械化工具完成修边、翻边和冲孔等工序;在中批量和大批量生产中,覆盖件的冲压基本上全部模具化,覆盖件的各道工序是在一台或数台压力机上分别用模具压制出来;大批量生产的机械化和自动化程度均高,车身覆盖件的相当大部分是在通用或专用冲压自动线或半自动线上冲压完成的。本单元主要从结构特征上介绍车身覆盖件。

## 一、轿车车身覆盖件

轿车车身覆盖件主要指由薄钢板在双轴向拉伸应力作用下产生变形而成为曲面结构的冲压件,如车内室顶盖、发动机舱盖、翼子板、挡泥板、行李舱盖、车门等。这类冲压件具有表面质量要求高(光滑、美观)、轮廓尺寸大、形状复杂等特点。其制造过程一般要经过落料(或剪切)、拉延、修边、冲孔、翻边等多道工序才能完成。

轿车车身覆盖件大都为大型复杂的空间曲面零件。毛坯在模具中的变形十分复杂,各处应力很不均匀,而且一般是采用双动(或三动)压力机一次拉延成形,不需经过多次拉延。通常根据覆盖件的形状复杂程度和变形特点,将轿车车身覆盖件分为浅拉延件、一般拉延件和复杂拉延件三类。

### 1. 浅拉延件

这类拉延件的外形特点是:拉延深度浅,一般小于50mm;外形相对比较简单、对称;平的或基本平的底,或是小台阶的底,如车门外板、后围板等。其拉延变形的特点为:拉延中从压料面下获得少量的补充材料,工件本体的拉延成形主要依靠自身材料的延伸;变形、应力都比较均匀,成形表面的应力数值远小于抗拉强度极限,故需采用拉延槛来增加压料面下材料的流动阻力,使材料充分塑性变形,以保证制件得到应有的刚度;一般不会产生破裂。

### 2. 复杂拉延件

这类拉延件的外形特征是:拉延深度较深,一般小于100mm;外形较复杂;平的或基本平的底,或是大曲率半径的外凸形底,如翼子板、顶盖、前围内板等。其拉延变形的特点为:拉延表面既靠压料面下的材料补充,又靠内部材料的延伸而拉延成形;拉延件各处应力、变形很不均匀,大部分区域已充分塑性变形,且应力已临近屈服极限,个别区域尚有变形不足的状态;若材料不合格或模具调整不当,容易出废品。

3. 一般拉延件

一般拉延件的特点是介于浅拉延件和复杂拉延件之间。

现代轿车车身的艺术造型趋向于曲线急剧过渡,具有棱角清晰、线条分明和流线型的外观,以适应汽车高速行驶的要求。构成轿车车身的覆盖件通过装焊、铆接和机械连接等方法,使其构成一个完整的车身,其中焊接是其主要连接方法。装焊的顺序通常是:零件→组件→合件→分总成→总成。车身一般可分为上下、左右、前后各部分。在装焊时,往往是将下部底板定位于夹具上作为基础或基准。然后装焊前后部分和左右部分,使之组成封闭的孔洞,继之装焊顶盖,最后装车门。

## 二、常见车身覆盖件的结构及特点

1. 保险杠

汽车一般都在前、后最外端装有保险杠。其主要功能是:

(1)当汽车在前后方向与其他物体相撞时,有效地保护车身,减轻对被撞物体(或人)的损害程度;

(2)作为外部装饰,美化汽车的外形。

保险杠的结构类型因轿车的档次、厂家、型号的不同而千差万别。一般按部件的多少和组成方式,分为整体式和组合式两类。就目前常见的车型而言,除了一些经济和老旧的车型外,多数轿车配用的都是组合式保险杠。这种保险杠基本由四部分组成:保险杠横梁、保险杠护罩、吸能装置、其他附件。当然,这些组成部分会依保险杠的具体类型不同而有所取舍。图 1-3-1 所示为某车型组合式保险杠的结构。

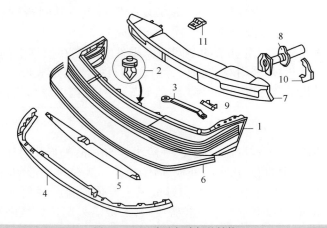

图 1-3-1 组合式保险杠的结构

1-保险杠;2-推入式锁扣;3-保险杠罩支架;4-保险杠面罩扰流板;5-散热器空气扰流板;6-保险杠面罩模件;7-保险杠;8-碰撞吸能器;9-钢板及嵌钉;10-吸能器垫片;11-牵引钩缓冲垫

保险杠的另一种分类方式是按功能特性分,有普通式和能量吸收式两种类型。

由于普通型保险杠的特点是结构简单、质量轻,在普通汽车上的应用比较广泛;能量吸收式保险杠则因增加了具有吸收冲击能量功能的结构,大幅度地提高了保护效能,多为高级汽车所采用。

1)普通型保险杠

普通型保险杠也称刚性保险杠。所谓刚性仅仅是相对而言,是因为其与能量吸收式保险杠相比有较大的刚性,其本身也并非十分坚固。

大多数普通型保险杠由面罩和支架两部分组成,形成两件组合式保险杠。支架材料常见的有用薄钢板冲压而成的、铝制的和塑料压制的。

具有塑料支架的称为塑料保险杠。塑料保险杠大都装备在普通轿车上。具有用薄钢板冲压的或用铝制的支架板的称为钢制或铝制保险杠。钢制和铝制保险杠一般配备在一些紧凑型轿车上。图1-3-2所示为普通型保险杠(两件组合式)。

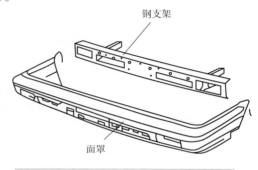

图1-3-2 普通型保险杠(两件组合式)

图1-3-2所示为普通型保险杠的基本构造。钢制的保险杠用支架以刚性连接方式装配在车身纵梁的前后端。用薄钢板等冲压而成的支架板和塑料面罩等零件,同样具备吸收冲击能量的功能。

2)能量吸收式保险杠

如前所述,普通刚性保险杠用螺栓固定在车架上。它在抵抗碰撞时的冲击力、减少车身和车架在碰撞时损坏程度的同时,却将绝大部分冲击能量直接传递到车架和车内乘客身上,对乘客的保护性有限。因而,当前大多数较高级的汽车都装备了具有吸能性能的保险杠。这些保险杠,有的自身具有吸能特性,有的另外附加吸能器,并将吸能器安装在保险杠面罩与前杠或保险杠横梁与车架之间,用以提供更大的弹性力,以更多地吸收和衰减冲击力。这种保险杠可以有效地降低汽车发生碰撞或追尾事故造成的损失。能量吸收型保险杠依其能量吸收方式分为以下三种类型。

(1)直接吸收式。图1-3-3所示为直接吸收式保险杠的典型构造,它由三部分构成;靠车身一侧为强质比高(强度/质量)的钢制保险杠后支架板,将合成泡沫塑料或多孔橡胶等吸收冲击能量好的材料填充于支架板与面罩之间,就构成了具有一定能量吸收功能的、三件组合的保险杠。

当汽车受到较为轻度冲击时,依靠填充材料受冲击、压迫时的瞬间变形,直接吸收冲击能量。由于这种类型的保险杠具有自身质量轻、受冲击时整体位移小等优点,所以称为能量吸收型保险杠的主流结构而应用最为广泛。

(2)缓冲弹簧式。它由厚壁弹簧钢制成,为有美化效果,表面经过镀铬。利用弹簧被压缩时吸收冲击能量的原理,将弹簧安装在车架的前端,形成缓冲弹簧式镀铬弹簧钢保险杠。正常情况下,弹簧处于释放状态,碰撞过程中,弹簧处于吸收冲击能量时的变形状态。

这是较为传统的、整体式保险杠的一种,现在仍用于高级轿车、厢式汽车和货车上。

带有保险杠罩的缓冲弹簧式保险杠,因保险杠不外露,因此表面不一定镀铬。

（3）具有外挂拉吸能器的保险杠。这种保险杠的外挂吸能器与保险杠分体制作。它装在保险杠与车身之间，类似于底盘悬架装置中的减振器。当发生碰撞事故，保险杠受到冲击载荷时，主要依靠外挂吸能器吸收冲击能量，达到减轻碰撞损失的目的。与悬架减振器不同的是，保险杠需要在吸能器的弹性元件的恢复作用下复位。吸能器损坏后，保险杠也就无法复位。

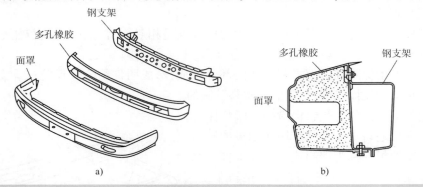

图1-3-3 直接吸收式汽车保险杠（三件组合式）
a）能量吸收型保险杠；b）能量吸收型保险杠的断面

3）保险杠面罩

保险杠面罩装在保险杠的最外侧，起导流作用并兼作车身饰件。

有的保险杠面罩是保险杠的一部分，如上面所述两件式和三件式。但大部分保险杠面罩是与保险杠是分离的。面罩常用合成树脂材料制成，这些塑料可以是氨基甲酸酯、聚合碳纤维或合成材料。可以涂漆，使之与汽车其他装饰相匹配。

一些汽车的保险杠外罩制有导流孔板，以便向散热器或车底引导气流，有的在外罩上装了指示灯、牌照等，过去有的在保险杠外罩装有与车身侧围防擦条颜色与形状一致的装饰条，以求起到装饰与美化作用。多数汽车往往将保险杠护罩、散热器格栅、前装饰板和下导流板集成为一体，这种集成部件则被称为保险杠装饰板。

塑料保险杠外罩损坏时，可以用原厂件、拆车旧件予以更换。如果撕裂或破洞很小时，损坏部分可以用相应成分的塑料焊接或用修复剂修复。但保险杠的其他加强件即使微小损坏也不可修复。

2．前翼子板和挡泥板

翼子板属于前车身的主要覆盖件，其功能主要有：

（1）遮挡车轮及前车身的内部结构件，使前车身具备统一的简化表面，完善车身造型，确保车身的造型线条完美、流畅。

（2）将发动机罩上以及正前面的行驶气流向车身两侧分流和导流，以减少空气阻力。

翼子板大多由冷轧钢板经拉延制成，但以玻璃纤维和塑料为材质的翼子板也有较多应用，近年高级轿车上也出现了铝合金的翼子板。

翼子板表面是非常复杂的空间曲面组合，为造型的需要，一般都制有与车门腰线和装饰条走向一致的型线以及装饰灯安装座。上部制成圆滑过渡体现前车身棱线的弯角，下部制成显示车轮轮廓的部分环状凸起，最下边又制成与车门槛梁一致的形状。在下边的轮罩处还采取了翻边式边缘，以安装轮罩内衬。

翼子板分左右两个,互成对称结构,分装于车身的两个前角处。每个翼子板前部和上部分别与前围护面及发动机罩相接;后缘则与车门面板相邻;下部前轮的上半部罩住,里端装有左右两个轮罩内衬,起到挡住前轮行驶过程中带起的泥水等作用。翼子板形状和所带附件依车型的不同而异。

一般而言,翼子板都是用螺栓固定在前车身的内部结构件上的。与发动机舱盖、前围护板和保险杠总成一起形成车身前端的外表面轮廓。图1-3-4所示为典型的翼子板附件及其分解图。

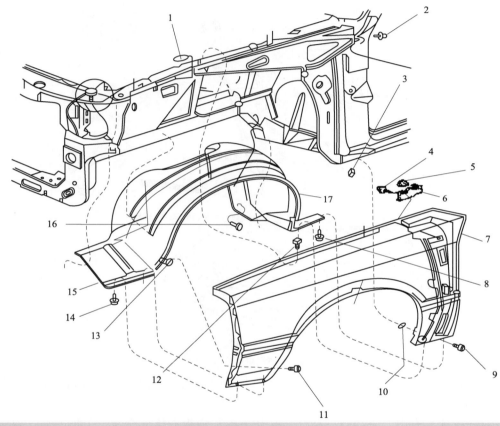

图1-3-4 典型的翼子板附件及其分解图

1、3、5、13-U形螺栓;2-螺钉和垫片总成;4、9、12-螺钉和垫片总成;6-后上固定托架;7-前翼子板总成;8、16-螺钉;10-垫圈;11-圆头螺钉(需3个);14-螺钉(需3个);15、17-挡泥板

发动机罩是构成发功机舱的一个组成部分。位于发动机舱顶部并处于两侧翼子板之间,其功能主要有:

(1)用于保护发动机免受灰尘、杂物和水汽侵袭。

(2)作为前车身表面覆盖件,完成整车的造型。

(3)充当车身前部的导流板,以减少行车的空气阻力。

由于发动机舱本身就是一个共鸣箱,平时维修发动机时要经常性地开闭,加之处于风窗玻璃的前面,碰撞时会对驾驶人构成较大威胁,因此要求:发动机罩既有足够的刚度又有一定的安全性;既轻薄又有较好的密封性;同时还要具备隔声、减振、吸收发动机噪声以避免与发动机运转声共鸣的功能。

1）组成结构

如图 1-3-5 所示，发动机罩通常由内板、外板、铰链及其他附件（支承件、支杆、锁扣等）组成。

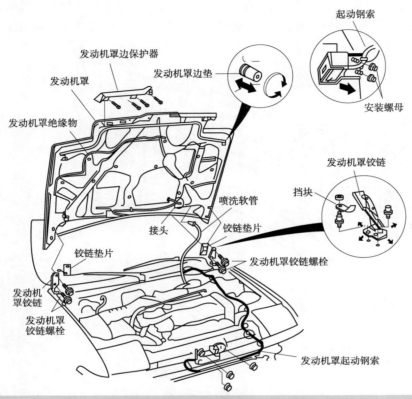

图 1-3-5　发动机罩组成及与车身的铰链

发动机罩通常由冷轧板材制成，现代车辆上多用高强度钢板，也有用铝制、玻璃纤维和塑料的。因为它是一个较大的覆盖件，为了在减少自重的同时增加强度和刚度，一般都设有内加强板，形成具有内、外板的双板式结构，并将内加强板冲压成交叉形的网状骨架贴靠在发功机罩外板轮廓部分。为安全考虑，其上设有 1～2 道压制的沟槽，以便在受到撞击时产生折叠变形，保护驾驶室。外板多是 0.8～1.2mm 的蒙皮，其强度较差，铝制外板要厚些。其上大都冲有两个用于安装喷水嘴的凸起孔。外板外部边缘通常进行翻边，形成一种在组装内板时包箍内板的方式。组装的内外板外部边缘全部或局部通过点焊连接，无焊点的包箍处和内、外板的结合面用黏结剂黏结到一起。内、外板的结合方法有图 1-3-6 所示几种。有些轿车还在内、外板的夹层之间使用耐热点焊胶，使之确保刚度并在其间形成良好的消声胶层。

图 1-3-6　发动机罩内、外板结合方法

许多发动机罩内侧涂降噪层,或粘有隔声垫。降噪层(或隔声垫)由人造纤维制成,用来减少发动机噪声,也隔绝发动机罩与发动机舱内的高温。发动机罩配备许多嵌条、车标、进气口、装饰条等。

发动机罩嵌条(图1-3-7)通常由下述几种材料制成:镀铬灰铸铁、不锈钢、铝、塑料或橡胶。最常见的是装饰在发动机罩后边缘的后嵌条或者纵贯发动机罩长度的中央嵌条。也有一些发动机罩装设横贯前边缘的嵌条。嵌条可能是一条或三条(中央条、左条和右条)。

沿周边还设有许多附加的发动机罩的支点——橡胶缓冲块,目的是避免由于发动机罩周边的大部分人与车体其他零件接触而产生振响,在发动机罩前缘的下面固定有一个锁扣,使发动机罩关闭时,被锁止在散热器支架的发动机罩锁上。

2)发动机罩的铰链

铰链是发动机罩用来固定并通过它和车头本体相连接的机构,也是发动机罩开闭机构。要求启闭轻便,灵活自如,并有足够的开启角度(一般开度在40°~50°为宜),在开启过程中不得有运动干涉,并要有足够的刚度和强度,可靠耐久和易于制造。

发动机罩铰链有明铰链与暗铰链。明铰链虽然结构简单,但操作笨重,铰链外露,影响外观质量,增大空气阻力。对于轿车主要采用暗铰链。在暗铰链中有臂式铰链、合页式铰链及平衡式铰链等多种形式。配合铰链的开启,发动机罩上应设置支撑杆。有以下几种形式:

(1)普通合页式铰链与支杆联合使用。这种铰链结构简单,使用可靠,一般在普及型轿车或越野车上采用。如上海桑塔纳,依靠铰链使发动机罩开启一定角度,用一根一定长度的支杆支撑,使发动机罩停留在固定的角度上。

(2)简单铰链与平衡机构联合使用。简单铰链与有平衡弹簧的机构联合使用(图1-3-8),这种形式结构简单、易于制造、承受的负荷较大,适于发动机罩自身质量较大的车型,但铰链与平衡机构分别装在两处,结构上显得不够紧凑。

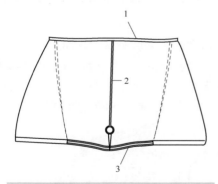

图1-3-7 发动机罩嵌条
1、2、3-发动机罩嵌条

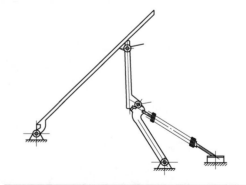

图1-3-8 简单铰链与有平衡弹簧的机构联合使用

3)发动机罩锁

发动机罩锁的功能,能使其安全锁闭,并保证发动机罩与车身的相对位置,在行车中不得自动开启。发动机罩锁包括锁本体、内开机构和安全锁三部分。发动机罩锁按其锁体结构划分,可分为钩子锁、舌簧锁及卡板锁三种形式。这三种锁的结构与作用原理,优、缺点及应用范围见表1-3-1。

几种发动机罩铰链比较  表1-3-1

| | 钩子锁 | 舌簧锁 | 卡板锁 |
|---|---|---|---|
| 结构示意图 | 钩子锁示意图(奔驰)<br>1-锁钩;2-支座;3-锁扣;4-复位弹簧;5-支杆;6-弹簧 | 舌簧锁的内开机构(奥迪)<br>a)下锁装置;b)上锁装置<br>1-锁紧扭簧;2-导套;3-套管总成;4-拉丝;5-护套总成;6-锁舌锥杆;7-复位弹簧;8-导向套;9-冠状螺母;10-螺母板;11-机罩内板 | 卡板锁示意图(丰田)<br>1-辅助挂钩弹簧;2-锁紧手柄;3-复位弹簧;4-锁体;5-举升弹簧;6-卡板;7-钩扣;8-辅助挂钩;9-辅助挂钩离合器 |
| 作用原理 | 开罩时,作用力使锁钩绕B旋转并与锁扣脱离,靠弹簧压紧的支杆的作用将罩弹起,再拨开安全锁的第二道锁紧装置使机罩打开 | 开罩时,在力F作用下使锁紧扭簧旋转,并与固定在内板上的上锁装置中的锁舌锥杆脱离配合,机罩在复位弹簧作用下弹离下锁装置,再拨动安全钩即可打开机罩 | 发动机罩锁靠钩扣定位,采用辅助挂钩与卡板双重锁紧机构 |
| 优点 | 结构紧凑、简单、噪声小;机件外表无大的凸起,利于维修;使用可靠 | 结构简单、制造方便;磨损工作面不是同一平面,利于提高寿命 | 使用可靠,不易自动脱开 |
| 缺点 | 要求机罩装配位置准确性高,即锁钩与锁扣必须准确对中;锁支座成形较困难。目前轿车上应用不多 | 关闭冲击噪声大;因振动易自动开启机罩,安全性差 | 锁体内构件尺寸形状精度要求高;适于专业化、大批量生产;有的构件布局不集中 |
| 应用举例 | 轿车上已应用不多 | 奥迪A4 | 威驰、捷达等大部分轿车 |

**3. 行李舱盖和后舱背门**

轿车乘客室后侧用于放置行李、物品的那一部分,通常也称为后车身。三厢式轿车有与乘客室分开的行李舱,而两厢式轿车的行李舱则与乘客室合为一体成为相通的结构(图1-3-9),无论属于哪一种形式都有一个宽大的行李舱盖或后舱背门。这是后车身的薄弱环节,因此在结构对策上都是将开口周围(行李舱盖框架或后舱背门框架)制成刚性封闭式断面。

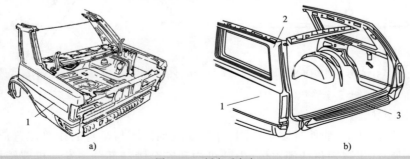

图1-3-9 轿车后车身
a)三厢式;b)两厢式
1-后翼子板;2-窗柱;3-后门槛

1) 行李舱盖

行李舱盖由内板、上外板、下外板三块板制件构成,如图1-3-10所示。油漆后装上装饰板。其中内板的形状较复杂,既有纵向筋,又有横向筋,还有斜向筋和环状筋,以便增强行李舱的刚度。

为了适应行李出入的大开口,并保证行李舱盖大的开启角(奥迪A4为87°),应设置铰链及平衡支撑杆。行李舱盖铰链常用臂式或四连杆式铰链。支撑杆则用扭力杆式或空气弹簧减振支撑杆。

近来,用空气弹簧减振支撑杆的方案日益增多,可减轻开闭时的冲击,如图1-3-11所示。

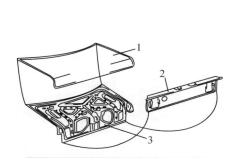

图1-3-10 行李舱盖构造
1-上外板;2-下外板;3-内板

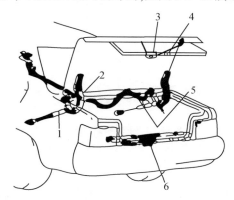

图1-3-11 采用臂式铰链及空气弹簧减振支撑杆的行李舱盖
1-空气弹簧;2-铰链;3-卡板锁;4-电磁铁;5-开启拉索;6-锁环

也有部分汽车采用四连杆式铰链,如图1-3-12所示。四连杆式铰链可确保行李舱盖大的开度。开启时用空气弹簧支撑杆;关闭时,行李舱盖在挡泥板及密封凸缘之间合拢。

2) 后舱背门

后舱背门的结构总成如图1-3-13所示。

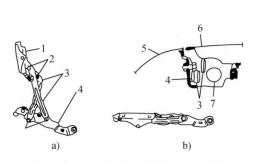

图1-3-12 四连杆式铰链
a) 开启时状态;b) 关闭时状态
1-行李舱盖侧铰链;2-铰链结;3-连杆;4-车身侧铰链;5-后挡泥板;6-行李舱盖;7-气体支撑杆

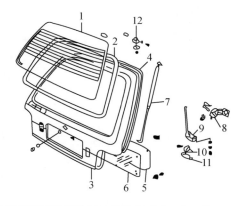

图1-3-13 后舱背门结构总成
1-背门窗玻璃;2-背门窗密封条;3-背门;4-背门洞密封条;5-背门装饰板;6-背门密封薄膜;7-背门撑杆;8-背门锁芯;9-背门锁销;10-背门闩眼;11-背门闩眼垫片;12-背门锁链

后舱背门多使用臂式铰链,铰链安放在比较高的位置。因此,支撑杆是不可缺少的。背门支撑多采用空气弹簧减振支撑杆。如图1-3-14所示。

对行李舱盖及后舱背门锁的基本要求是操作方便、锁闭可靠,通常采用钩扣式和卡板式两种结构形式。如图1-3-15所示。

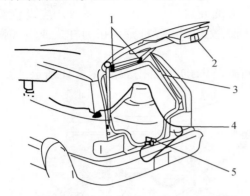
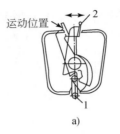
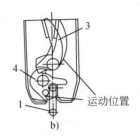

图1-3-14 背门铰链结构
1-铰链;2-卡板锁;3-空气弹簧支撑杆;4-开启拉索;5-锁环

图1-3-15 行李舱盖锁
a)钩扣式;b)卡板式
1-锁扣;2-锁紧钩;3-锁紧杠杆;4-卡板

钩扣式门锁主要由锁紧钩和钩扣等组成;卡板式门锁则主要由锁紧杠杆、卡板和锁扣等零件组成。这两种结构都比较简单,其中卡板式门锁的操纵性及可靠性要好一些。

门锁的开启装置有拉索方式,也有电磁式自动锁。行李舱盖及后舱背门锁基本上都是用拉索来解扣,采用电磁式自动锁则应使电磁阀内线圈处于ON/OFF两个动作,如图1-3-16所示。

**4. 车门**

车门作为汽车车身的主要组成部分。其功能是:在乘客上、下车或装卸货物时,打开车身壳体的内外联系,提供便利的通道;在汽车行驶时,封闭车身壳体,断绝车身壳体的内、外联系,确保行车的安全。为了确保这些功能,对车门有如下的基本要求。

(1)具有必要的开度,并能使车门停在最大开度上,以保证人员的上、下车方便。

(2)安全可靠。车门能锁住,行车或撞车时,车门不会自动打开。

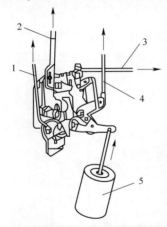

图1-3-16 电磁式自动锁
1-锁芯连杆;2-尾手柄连杆;3-内手柄连杆;4-内锁止器杆;5-电磁阀

(3)开关方便,具有良好的密封性。

(4)具有足够的刚度,不易变形下沉,行车时不振响。

(5)载客的汽车车门不影响车内视野,玻璃升降方便。

(6)制造工艺性好,易于冲压并便于安装附件。

(7)外形及表面与整车相协调。

1) 车门的结构形式

（1）车门的数量。车门的数量与轿车的用途和形式有密切关系，常见的有二门、三门、四门、五门等多种形式。二门、四门常用在折背式（三箱式）、直背式、溜背式、短背式等多种形式的车身上，视车身的大小、允许乘员的多少决定车门的数量。

对于两厢式车身（其特点是行李舱与乘员室连成一体）或单箱式车身（从外观上看是不分台阶的平头型车，乘员室、行李舱和发动机舱同在一个箱内），多数在后部设有车门，使大件物品可以进出。如果将后座椅叠起，那么后部的空间可放大件行李物品，通常将这一类轿车称为掀背式轿车，也叫二门或五门式轿车。由于二门及三门式轿车的前座椅掀倒后才能利用后座椅，所以乘员超过两人后上下车很不方便，有时为了便于后座人员上下车而加大了车门。

（2）车门的开闭方式有旋转式车门、推拉式车门（滑门）及飞翼式车门等。尤以旋转式车门应用较普遍。

①旋转式车门。按旋转方向常见顺开门（图1-3-17）、对开门（图1-3-18）两类。顺开门是车门铰链布置在车门的前端，顺着车前进的方向向前旋转，这种车门布置比较安全，如果在轿车行驶中门锁失灵而使车门打开或者乘员误开车门，不会因空气流动的作用而发生危险。对开门的后门铰链是紧固在后支柱上的，车门开启时是向后旋转，这种布置便于三排座轿车的中排座椅和后排座椅的乘员上下车。对开门轿车现在运用较少。

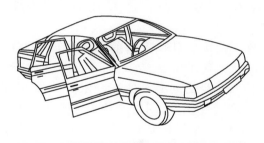 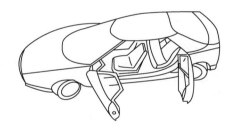

图1-3-17　顺开式车门　　　　　　图1-3-18　对开式车门

②推拉式车门（滑门）。推拉式车门的支撑与滑动主要依靠安装在车门上、中、下的三个导轨及与之配合的滚柱。在开始打开车门时，车门稍向外倾移动后，再向车身后方水平滑动，因此，车门占用面积很小，可以相应增大车内空间。

③飞翼式车门（图1-3-19）。大多用于运动车，这是一种车身低、流线形好、为了方便上下车而采用的结构形式。飞翼式车门向上方弹起，车门打开后的形态像正在飞翔中的海鸥翅膀，所以称为"飞翼式"。普通的铰链机构很难承受将车门举起的质量，因此门铰链部位采用封入高压气体的托杆，可利用气体的反弹力轻易地举起车门。开启车门的方法有两种：一种是将铰链装于车顶，车门横向打开的方式；另一种是铰链装于车门前方，车门向上举起的方式。

（3）有无窗框的车门。可分为有框车门与无框车门。大多数轿车是有框的（图1-3-20），有框车门容易保证车门的刚性和密封。无框车门（图1-3-21）多用于敞篷车和所谓的硬顶车。在一辆轿车上前门没有窗框、后门有窗框的例子也是有的。

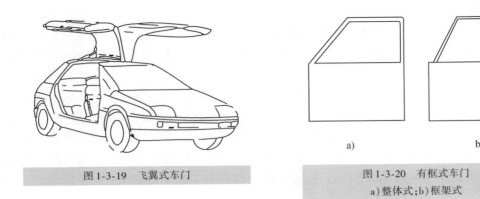

图 1-3-19　飞翼式车门

图 1-3-20　有框式车门
a) 整体式；b) 框架式

2) 车门本体

轿车车门是由壳体、附件和内饰板三部分组成。轿车车门多采用框架式结构，图 1-3-22 所示为轿车车门壳体的分解图，框架式车门的玻璃窗框，大多是滚压成形的。决定窗框形状时，要考虑窗框的刚度、密封条的布置与固定、窗框与门内板的连接与安装等。图 1-3-23 所示为框架式车门窗框断面形状的实例。

车门附件包括车门铰链、车门开度限制器、带有内外操纵手柄的门锁、定位器、车门密封条等，在车门内、外板之间还装有玻璃、玻璃导槽和导轨及玻璃升降器等。

轿车车门按车型不同，有前后侧向车门和背门两种，图 1-3-24、图 1-3-25 所示为前后侧向车门部件。

车门与车身之间必须留有一定的缝隙，以弥补零件制造和装配误差，同时避免车体产生扭转变形时把车门挤住，车门是靠两个铰链锁舌及定位器来定位的；门与门框之间的缝隙则用固定在门框上的软橡胶（或海绵）密封条来密封。一般轿车车门铰链采用臂式车门拉链。车门开度限制器用来限制车门的最大开度，以防止车门外板与车体相碰，并保证车门停留在最大开度，不至自动关闭。缓冲器有时与定位器组成一体，固定在门框上，并在门的边缘加设橡皮块，用以减轻关门或行车时门对门框的冲击。

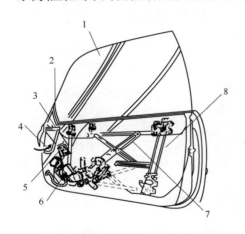

图 1-3-21　无框式车门
1-车门玻璃；2-侧面防雾装置；3-前导轨；4-防雾装置通风口；5-主开关；6-电动机；7-X 形双臂式玻璃升降器；8-后导轨

3) 车门铰链

车门铰链是车门总成的一个附件，车门附件还包括玻璃升降器、门锁、内外手柄、门锁控制机构、车门开度限位器等。其中，车门铰链是决定车门与车身间相对位置、控制开闭运动的装置，它由门铰链和销轴构成。一般对车门铰链应有如下要求：

（1）能承受车门质量，保持车门灵活自由的开闭，防止因铰链松动引起的车门下沉或车门与车身的错位。

（2）铰链及销轴应耐磨，应保证车门在长时间开闭后不会明显下沉。

(3)应有保持车门任意开度时的阻尼机构和车门全开时的限位装置。

(4)对某些具有特殊功能的铰链机构(如四铰节铰链),应能控制车门的开启运动规律;能顺利地避让拱形挡泥板;为方便乘降,在开启过程中能使车门上部略为外倾。

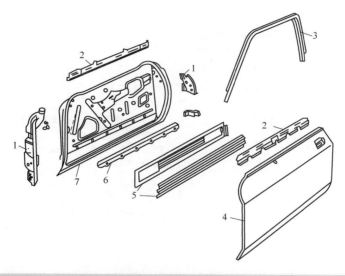

图 1-3-22 框架式车门壳体分解图
1-安装铰链和门锁的加强板;2-玻璃横向夹持板;3-玻璃窗框;4-门外板;5-加强板;6-玻璃升降导板;7-门内板

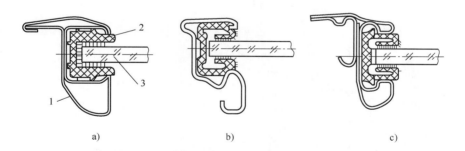

图 1-3-23 框架式车门窗框断面形状实例
a)玻璃嵌在密封条中;b)玻璃嵌在密封条与导槽中;c)玻璃嵌在组合式导槽中
1-窗框;2-导槽;3-玻璃

在车门铰链中有内铰链(也叫隐铰链)和外铰链。现在大部分轿车都使用内铰链;在某些特殊车身结构中也有外铰链的形式。

①内铰链。车门内铰链通常采用合页式,在铰链机构中,除了应有将车门与车身进行铰接的合页外,还应有车门在任意开度时的阻尼机构和车门开度限位装置。

也有将铰链与开度限位器功能分离的形式,在上、下铰链之间装上杆式开度限位器,将铰链与限位器的功能分离,在轿车中这种形式应用较多。

为了限制车门铰链因开启角度过大造成的车门与车身碰撞,在车门框上、下铰链之间还装上用来限制车门最大开度的限位器。

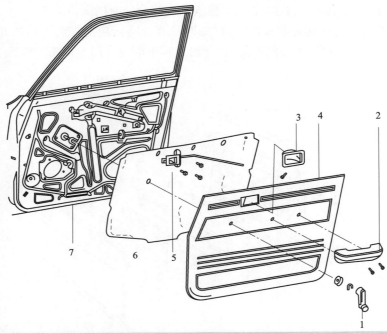

图 1-3-24　前侧向车门部件

1-车门风窗玻璃调节手柄;2-扶手;3-手抠式车门内手柄安装盒;4-车门内装饰板;5-手抠式车门内手柄;6-维修孔盖板;7-车门外板

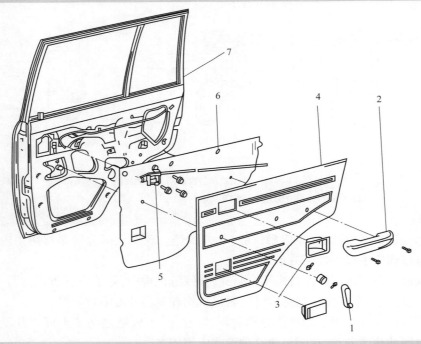

图 1-3-25　后侧向车门部件

1-车门风窗玻璃调节手柄;2-扶手;3-手抠式车门内手柄安装盒;4-车门内装饰板;5-手抠式车门内手柄;6-维修孔盖板;7-车门外板

将车门限位器的一端用销钉与车身连接,另一端嵌入车门体内并使之固定,车门开启至半开位置时限位器开始起作用,当车门推动杠杆右移,杠杆楔形端部推动两滚子上下方向压缩阻尼弹簧,形成对杠杆的滑动阻力,从而保持车门在任意开度下的位置。当车门进一步开启,杠杆端部接触到限位橡胶,进而限制了车门的全开,这就是开度限位器的作用。

奥迪 A4 车门也是采用合页式铰链,其车门铰链总成焊于支柱上的铰链支座,其上带有内螺纹;焊于车门端板上的单耳页板;还有双耳页板、铰链轴、铰链衬套、垫圈和螺栓。双耳页板上有一个方孔,铰链支座有一内螺纹孔,两者用六角螺栓相连。双耳页板上的方孔对铰链的位置作微量调整。

另外,奥迪 A4 轿车在上下铰链之间同样设有独立的车门限位器,如图 1-3-26 所示。

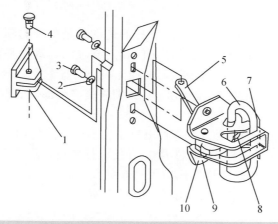

图 1-3-26　奥迪 A4 车门限位器总成
1-限位器支架;2-垫圈;3-内六角螺钉;4-销钉;5-臂;6-扭簧;7-弹簧支座;8-螺旋滚轮;9-滚轮;10-保护罩

限位器支架焊在门柱上,臂的一端与限位器支架用销钉铆接,铆接后应使臂能自由转动。滚轮与保护罩用销轴双面铆接,铆接后的滚轮转动轻便自如。螺旋滚轮与保护罩没有固定连接,是靠扭簧的一端作为螺旋滚轮轴。扭簧一端靠弹力紧卡在保护罩的孔上,另一端卡在保护罩的另一孔槽上。为使受力均匀,扭簧的中部与保护罩之间增加一弹簧支座。保护罩用两弹簧垫圈和内六角螺栓紧固在门端板内侧。

当车门逐渐打开时,滚轮与臂相互远离,随着臂的宽度尺寸加大,两滚轮之间的径向尺寸也随之加大,即扭簧逐渐发生角位移,这时它对于车门并无限位作用,当扭簧转动 8°以后,臂的第一个凹槽卡入滚轮与螺旋滚轮之间,开始它对车门执行第一挡限位。第一挡时,前门转角 35°后门转角 49°30′。车门继续转动,臂的第二个凹槽卡入两滚轮之间,对车门执行第二挡限位,前门限位角 74°30′。在弹性极限内,前门的最大开度为 80°,后门为 77°30′。

②外铰链。外铰链一般也采用合页式结构(图 1-3-27),合页的回转侧向外凸出,用两个螺栓固定在车门上(为阳侧),铰链支撑部位为阴侧,插入车身的支柱,也用两个螺栓固定。外铰链的结构与功能较简单,结构暴露于车门外表,有碍外观,因而现代轿车应用很少。

③四连杆型铰链。在车门侧与固定支柱侧的铰链座之间增加两级连接杆,构成四连杆型铰链(图 1-3-28)。

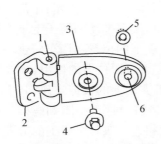
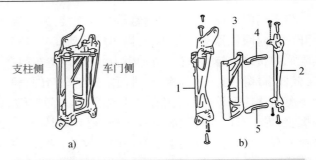

图1-3-27 外铰链
1-铰链销；2-阴侧；3-阳侧；4-螺栓；5-螺母；6-双头螺柱

图1-3-28 四连杆铰链
a)组装图；b)分解图
1-支柱侧铰链座；2-车门侧铰链座；3、4、5-连杆

这种铰链机构的特点是使车门相对于支柱的运动不是单纯的圆周运动，而是呈绕两个支点的复杂运动。正由于四连杆型铰链使车门相对支柱的转动是呈两个支点的复杂运动，因而车门在开启过程中，可避让车身上拱形的挡泥板。而且车上、下铰链的连接杆长度不相等（上侧长、下侧短），使车门开启呈外倾形态，这使乘员肩胸部位的乘降空间比较宽敞，有利于乘降的舒适性。

对于这种形式的铰链，通常独立的车门开度限位器已不能使用，而是采用滚柱及凸轮盘结构。在上侧第二连杆（后连杆）上安装滚柱，并使滚柱紧贴在凸轮盘上移动，在车门开启过程中，使扭簧发生扭转，其扭簧的反作用力保持车门在半开后具有一定的阻尼状态，当滚柱移动至凸轮盘上的最大限位挡时，可限制车门的全开状态。

4）车门锁

（1）对车门锁的要求及门锁分类。

车门锁是汽车车身重要的、使用最频繁的专用保安部件。它一方面直接关系到汽车行驶时乘客的安全，另一方面也是汽车的防盗安全装置。为此，对车门锁在操作性、安全性、可靠性、强度、装饰性等诸方面均有一定要求。

①操作性。要求在车门内外均能灵活、方便、可靠地将车门锁紧或打开。要求门锁装置具有对车门的导向、定位和防振的能力。

②安全性。要求车门锁具有两个挡位的锁紧位置——全锁紧和半锁紧。半锁紧挡的作用在于，汽车行驶中，当车门松动，一旦与工作位置脱开，半锁紧挡仍能起到使车门关闭的保险作用，由此产生的松旷声，或者专设的安全指示信号能及时提醒驾驶人或乘客注意安全，并将其重新锁闭。

此外，车门锁还应具有可靠的安全锁止机构，如按下锁钮或外手柄处于锁止状态时，搬动车门内、外手柄不能打开车门，在车外只有使用钥匙，或者在车内只有先拉起锁按钮才能打开车门。

③可靠性。当车门处于正常全锁紧状态时，除非转动或拉动车门手柄或操作按钮，否则不能因汽车在行驶时因碰撞、振动或其他外力使车门打开。并且门锁部件应具有足够的耐磨性。

④装饰性。车门锁的一部分结构装配在车身构件的夹壁内，还有一部分必须装配在车身的内、外表面上，这就要求车门锁的外形应美观、大方，与本身的造型和谐一致，表面质量也要满足装饰性和频繁使用的要求。

门锁的种类有很多,可分为:

①手动式门锁即机械式门锁,如舌簧式、钩簧式、卡板式、齿轮齿条式、凸轮式等。在各类机械式门锁中,由于卡板式(又称叉销式)门锁受力平稳、冲击性小,零件多为钢板冲压、加工后装配而成,结构紧凑,生产工艺性、可靠性、耐久性和维修性均好,强度高、定位准,由于锁体部件也可用增强树脂制造,既轻巧、启闭噪声又低,可使用于各种类型的汽车,并逐渐取代其他类型的门锁,而占据了车门锁结构的主导地位。

②自动门锁。现代轿车,特别是中、高级轿车采用了自动门锁,由驾驶人集中控制,即当一个车门上锁后,所有车门同时锁紧的装置。

③防盗门锁(遥控门锁)。将声、光、电、磁等现代技术应用于防盗门锁。如警报指示器式防盗式门锁就是其中一种,应用非本车门的钥匙开锁时,蜂鸣器就会鸣响、报警。

(2)手动式门锁。

①卡板式(叉销式)门锁结构。卡板式(叉销式)门锁总成如图1-3-29所示:它由锁环、锁构(包括卡板)、内外手把、钥匙芯及锁定按钮等组成。

工作时,利用锁体上的叉形卡板和锁环的脱开或啮合来实现车门的开闭。车门开启时,锁环与卡板是分开的,如图1-3-30a)所示;当关闭车门时,固定在门框上的锁环与锁体上的卡板相碰撞,使卡板、棘爪同时旋转到位,卡板被棘爪定位,锁环被卡板锁止,如图1-3-30b)所示。

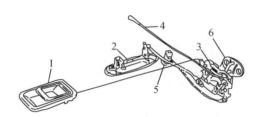

图1-3-29 卡板式门锁总成
1-内手把;2-外手把;3-锁芯;4-锁定按钮及连接杆;5-锁体(包括卡板);6-锁环

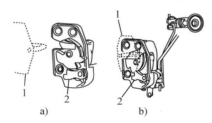

图1-3-30 车门锁工作情况
a)解锁状态;b)锁紧状态
1-锁环;2-棘爪

至于卡板和棘爪的啮合与分离是依靠各自弹簧力的作用。当关闭车门的时候,锁环推动卡板绕卡板轴旋转,卡板弹簧被压缩,同时卡板的旋转带动棘爪转动,使棘爪弹簧被拉伸,呈锁定状态,如图1-3-31a)所示。当锁定状态被解除时,外力推开棘爪,卡板与棘爪在各自弹簧恢复力的作用下脱开,呈解锁状态,如图1-3-31b)所示。

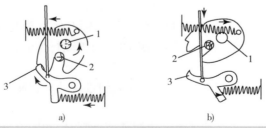

图1-3-31 卡板和棘爪啮合与脱开示意图
a)卡板在车门关闭作用下呈锁定状态;b)在弹簧复原力作用下呈解锁状态
1-卡板主轴;2-锁环;3-棘爪

②后舱门的门锁(上掀式后门锁)。后舱门的门锁结构基本上采用比较流行的卡板式门锁机构。但开启门锁的方法有两种,一种是从车内远距离控制的方法(缆索方式);另一种是直接用钥匙。无论是远距离控制的缆索方式,还是用钥匙直接锁的方式,都是将与卡板啮合的棘爪彼此脱开,开锁的原理是相同的。

③门锁手柄与锁芯。车锁的手柄和锁芯大多制作成一体,用于启闭车门、行李舱盖,并兼作装配锁芯的壳体。车门锁的外手柄可分为旋转式、按钮式、扳机式、掀拉式等几种类型,其中掀拉式外手柄置于车门外蒙皮的凹槽内,空气阻力小,安全性好,美观大方并与车身浑然一体。车门外手柄结构如图 1-3-32 所示。而门锁内手柄主要有旋转式和掀拉式两种类型(图 1-3-33)。有些车门锁的安全锁止操纵机构也装在内手柄上。

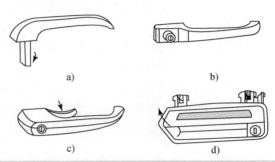

图 1-3-32　车门外手柄
a)旋转式;b)按钮式;c)扳机式;d)掀拉式

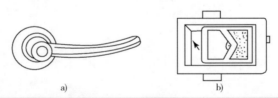

图 1-3-33　车门内手柄
a)旋转式;b)掀拉式

锁芯可与外手柄合装而成为一体,也可将手柄与锁芯分开单装(成为分体式),车锁的锁芯均为圆柱形,结构上有锁片式、弹子式和片销式,其中片销式实际上是销式和片式的结合。

锁芯通常采用若干个孔(或槽)与相同数量但高度不等的弹子(或销片)组合成一体。其结构如图 1-3-34 所示。由锁芯外壳 1、锁芯体 2、销片(或弹子)3、弹簧 4 和钥匙 5 等零件组成,钥匙插入锁芯且弹子(或销片)的高度合适时,锁芯体方可与其外壳相对转动,与锁芯连接的拉杆或锁止板也随之动作,从而达到启闭车门锁或行李舱锁的目的。

(3)门锁功能。

门锁有五种功能:内、外开启,内、外锁止及后门设有儿童保险装置。这五种功能满足了锁的三种状态。

①全开状态。对于外开门,通过钥匙转动锁芯,使门锁的安全臂在上止点位置。通过外开机构(外手柄、操纵杆),经杠杆传递开启臂推动止推爪,由于弹簧的使用,使卡板与止动爪啮合脱开,卡板脱离锁销,车门被打开。

对于内开门,拉起锁止按钮,使门锁的安全臂在上止点位置,通过内升机构(内手柄及拉线)使门锁的内手柄开启臂克服弹簧力,推动止动爪,使卡板与止动爪啮合脱开,卡板脱离锁销,车门被打开。

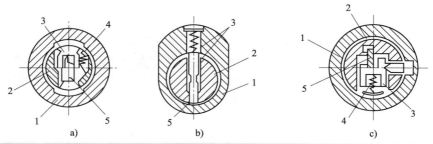

图 1-3-34　车门锁芯结构
a、b)弹子式;c)片销式
1-锁芯外壳;2-锁芯体;3-销片;4-弹簧;5-钥匙

②车锁状态。轻微关门,旋转卡板撞击门柱上的锁销产生旋转,使旋转卡板第一挡位置卡入止动爪。此时,门没有被关死,但锁销被包入旋转卡板空穴内,从而使车门处于半关状态。这是保证汽车在高速行驶中防止车门完全被振开的安全挡位。

③全锁状态。关门时稍微用力,使旋转卡板撞击门柱上的锁销而产生旋转,超越卡板的第一挡位,而使卡板的第一挡位置被卡入止动爪,从而使锁销全部被包入旋转卡板的空穴内,使车门处于全锁止状态。

(4)锁止机构。

奥迪 A4 门锁的锁止机构由门锁的安全臂来控制。当安全臂处在下止点位置时,门锁的开启臂和止动爪脱开(不在结合位置),这时,开启车门内外手柄都不能把车门打开。操纵门锁安全臂有三条途径:

①外锁止机构。外锁止机构(装在外手柄固定板及外手柄壳体上)有锁壳、锁芯、弹簧、转动叉、连动片,此外还有锁体连动杆,它的上端靠卡扣连接于连动片上,下端靠滑动卡扣与门锁安全臂上的门锁操纵机构转动臂相连。

②内锁止机构。前门内锁止机构的连接件有锁止按钮、按钮杆、导向衬垫、中间衬垫。按钮杆的上端与锁止按钮用螺纹连接,按钮杆的下端插入门锁操纵机构转动臂。当按下锁止按钮时,开启车门内外手柄都不能把车门打开。当拉起锁止按钮时解除锁止,车门内外手柄都能开启车门。

后门内锁止机构的连接件有锁止按钮、导向衬垫、按钮杆、开尾铆钉、转动臂、防护罩、夹子、长拉杆、调整夹子、短拉杆。短拉杆与门锁安全臂上的转动臂相连。

③中央锁止机构。为便于集中控制四个门锁及行李舱锁系统,在四个车门及行李舱盖都装有换气阀,换气阀上的操纵杆与门锁安全臂相连。当换气阀充气时,换气阀上的操纵杆带动安全臂,使它在上止点位置,锁止被解除,操作内外手柄都能把车门打开。当换气阀被抽气时,换气阀的操纵杆带动安全臂向下移动,使锁处于锁止位置。

④儿童安全锁止机构。为防止儿童误开内手柄而发生意外事故,如果把门锁下面的拨杆向箭头方向转动,拨杆卡住门锁上的内手柄开启臂,车门内手柄被锁止,只能从外部开启

车门,但锁止按钮必须拉起。

(5)外开机构。

外开机构主要由门锁外手柄及与门锁相连的联动部分组成,它的功能是从车门外部开启动锁。奥迪 A4 门锁外手柄为手抠式。与门锁外手柄开启相连的联动部分包括开启门锁的外手柄及使它能把锁打开的联动杆。

(6)内开机构。

内开机构主要由门锁内手柄及弯曲拉线组装而成。奥迪 A4 门锁内手柄为掀抬式,其结构如图 1-3-35 所示,并用一个十字槽螺钉紧固在车门护板上。而弯曲拉线用支架紧固于车门端板下,钢丝两端的挂钩,一端挂在内手柄把手上,另一端挂在门锁内手柄开启臂上。

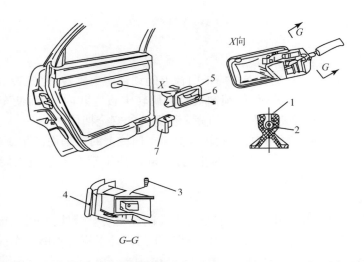

图 1-3-35 门锁内手柄结构
1-卡子;2-弯曲拉线总成;3-十字槽螺钉;4-扭簧;5-内手柄壳体;6-内手柄把手;7-密封块

(7)锁销。

卡板式门锁配有圆柱形锁销来锁紧。锁销的尾端有螺纹,并套有垫圈和弹簧垫圈安装在门柱上。

(8)自动门锁。

自动门锁在现代轿车上应用普通,手动门锁与自动门锁的主要区别反映在操纵方式上,前者需使用钥匙或手柄将车门锁打开或锁紧,而后者可由驾驶人集中控制各车门的启闭。按操纵方式的不同,有电磁式、电动机式、真空式和电子式等几种类型。

自动门锁的车门控制开关在车内驾驶人一侧,驾驶人手按车门控制开关,可将车门全部锁死。除集中控制门锁功能外,有的轿车上还加装了车速传感器及相应的电控系统,当轿车行驶达到一定速度后,自动门锁系统将开始工作,以避免忘记锁止门锁或行驶中车门开脱。

图 1-3-36 ~ 图 1-3-38 分别为丰田雷克萨斯 LS400 高级轿车车门控制开关、车门外用钥匙对车门集中上锁,在驾驶人的仪表板上还设置了车门未锁好报警开关。

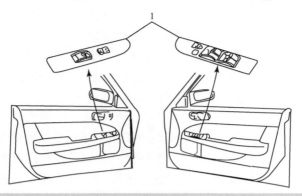

图 1-3-36　车门控制开关
1-车门控制开关(手按)

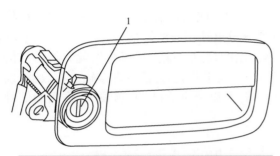

图 1-3-37　钥匙操作的车门控制开关
1-车门控制开关(钥匙)

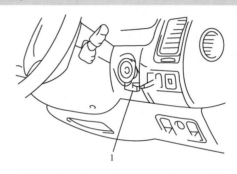

图 1-3-38　车门未锁好报警开关
1-车门未锁好报警开关

在门锁总成中(图1-3-39),由可逆直流电动机驱动蜗杆蜗轮副,拨动锁定杠杆,使位置开关分别处于解锁状态(位置开关置 ON)及锁定状态(位置开关置 OFF),进而使门锁动作(图1-3-40)。复位弹簧装在蜗轮内部,用以防止冲击,使蜗轮复位至中间位。PTC 热敏电阻元件用来对电动机进行过电流保护。

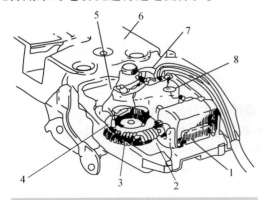

图 1-3-39　雷克萨斯 LS400 门锁总成
1-电动机;2-蜗杆;3-复位弹簧;4-蜗轮;5-锁定杠杆;
6-门锁机构;7-位置开关;8-PTC 热敏电阻

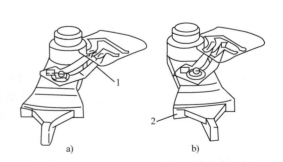

图 1-3-40　位置开关
a)解锁(开关置 ON);b)锁定(开关置 OFF)
1-位置开关;2-锁定杠杆

雷克萨斯 LS400 自动门锁是现代轿车中十分流行的一种，即"电动机式自动门锁"。它具有结构简单、体积小、耗电省、动作快等优点。门锁的开启及锁止也有依靠电磁阀驱动的，以不同方式向电磁阀的线圈送电，可使电磁阀拉杆于中间位置向相应的方向移动，拉动联动杆相应动作，从而使车门锁被开启或锁止。电磁式自动门锁摩擦阻力小，操作方便可靠，在轿车上较为流行，缺点是耗电量大，动作噪声大。

(9) 遥控式电子门锁。

遥控式电子门锁又称"电子防盗式门锁"，一般由电子指令发射器、接收器和执行机构三部分组成。点火钥匙内装微电波或红外线信号发生器，信号接收器收到解除门锁信号、并与存储的数据一致时，便可使门锁动作。使用这种遥控门锁可不插钥匙便解除门锁，信号接收器的接收范围为 1m 以内，在黑暗的场所不用寻找钥匙孔便可潇洒地解除门锁。由于每台轿车的遥控式电子门锁具有各自不同的电信号，因而比机械式门锁更具备防盗功能。这种电子遥控式门锁常用在高级轿车上。

使用车门内藏式信号发射器（图 1-3-41）发出解锁或锁止信号后，由后窗接收天线将接收到的信号经分配器送至信号接收器。接收器分辨出锁止或解锁信号，经车门控制继电器输送至控制电动机，操纵门锁总成执行发射器给出的信息。除上述可由发射器给遥控信号外，当车辆久置或在发射器丢失的情况下，可使用车内主开关，将信息直接输入接收器，以控制车门启闭（图 1-3-42），此外，车门未锁好报警开关以及由乘员（非驾驶人）许用的信号开关也可将信号直接输入接收器。

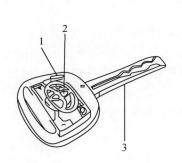

图 1-3-41　信号发射器
1-发送信号开关；2-锂电池；3-钥匙

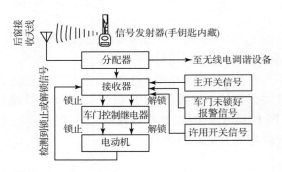

图 1-3-42　接收信号的流程图

5. 顶盖

轿车顶盖是轮廓尺寸较大的大型覆盖件，顶盖形状大都是曲率较小的"平坦"零件，其作用不只是避雨，提高零件的刚性也是至关重要的，轿车侧翻时可起到保护乘员安全的作用。

普通轿车均为与车身成为一体的固定式车顶，有些高级轿车出于采光与通风等方向的需要，在车顶适当部位开了不同形状的天窗，再安装上活动的遮阳顶盖。

1) 顶盖的分类

轿车车顶可分为以电动机驱动的滑板式及手工装拆式结构。可进一步细分为：

(1) 外滑板式：顶盖在车顶的上面滑动，并以电动机驱动（图 1-3-43a）。

(2) 内滑板式：顶盖在车顶与车顶衬里之间滑动与收藏的形式（图 1-3-43b）。

(3)部分装拆的顶盖。

(4)倾斜向上的形式:顶盖后端向上倾斜呈开启状态;如图 1-3-44 所示,将后枕向前移,使顶盖后端倾斜向上。

图 1-3-43  顶盖外滑板式与内滑板式
a)外滑板式;b)内滑板式

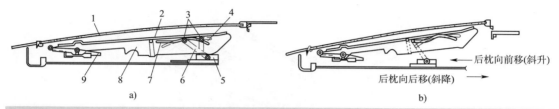

图 1-3-44  顶盖倾斜向上的形式
a)全闭时;b)倾斜向上开启时
1-天窗玻璃;2-导向块;3-导向销;4-导向槽;5-后枕座;6-撑杆;7-导向槽;8-托架;9-前枕座

不用滑板也可用玻璃制作顶盖。在车顶全闭时用手动也能开启进行采光,为防止玻璃采光带来的温度升高,可使用具有金属薄膜的热反射玻璃。

(5)滑板加倾斜向上的形式:在外滑板中加上顶盖后端向上的机构,如图 1-3-45 所示。

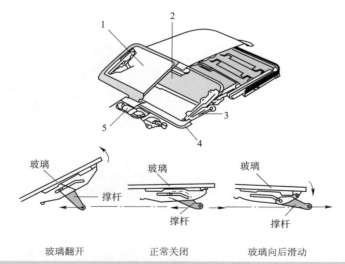

图 1-3-45  滑板加倾斜向上的形式
1-玻璃;2-遮阳板;3-撑杆;4-驱动钢索;5-驱动电动机

(6)固定玻璃型:在天窗开口位置装上玻璃,不用装拆及倾斜机构。在玻璃作顶盖的构造中,还应装有遮阳板,进行采光与遮光调节。

2) 滑板式顶盖的构造

滑板式顶盖的构造如图 1-3-46 所示,它由滑动顶盖总成、车顶支架、滑动机构及驱动电动机等组成。

(1) 滑动顶盖总成(图 1-3-47)。由遮阳通风板、密封条、外板总成及板扣等组成。

(2) 车顶支架(图 1-3-48)。车顶支架与导轨成为一体,是支撑顶盖的骨架,增强了安装刚度。为了减轻车顶支架的质量,支架采用超轻型树脂,内板、遮阳板、托架等也有使用铝材的。

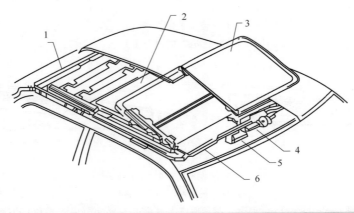

图 1-3-46 滑板式顶盖
1-车顶支架;2-遮阳板;3-玻璃;4-驱动电动机及齿轮;5-控制继电器;6-驱动钢索

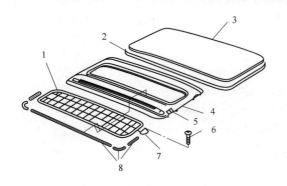

图 1-3-47 滑动顶盖总成
1-遮阳通风板;2-密封条;3-外板总成;4-遮阳板总成;5-板扣;6-螺钉;7-板夹子;8-护圈

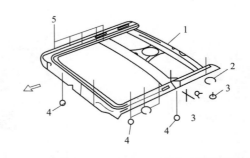

图 1-3-48 车顶支架
1-导轨总成;2-托架;3-螺栓;4-螺母;5-双头螺柱

(3) 滑动机构(图 1-3-49)。

在车顶支架的前方安装电动机,驱动齿轮旋转,齿轮带动钢索并拉动滑板移动(图 1-3-49)。

(4) 拉动顶盖的钢索连接机构(图 1-3-50)。

(5) 驱动电动机总成(图 1-3-51)。

驱动电动机总成由驱动电动机、小齿轮、凸轮、减速齿轮、离合器、限位开关等组成。限位开关内藏位置传感器及离合器,它们与电动机一起组成驱动单元。

滑板式顶盖移动的位置信号检测内限位开关执行情况(图1-3-52)。限位开关中凸轮的凸起部位压在微动开关上,三个凸起可分别检测出滑板顶盖全开、全闭、倾斜向上、自动动作(顶盖内全闭到全开自动动作)等动作。

为防止驱动电动机过负荷运转,设置离合器及电流断路器用以保护电动机(图1-3-53)。当拉不动顶盖的时候,则离合器空转,可起到防护电动机过负荷的作用。

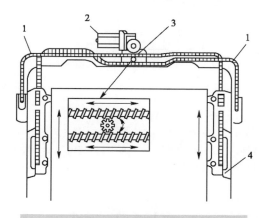

图1-3-49 滑动机构
1-滑动螺杆;2-电动机;3-驱动机构;4-后枕座

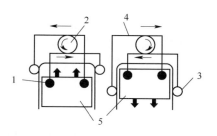

图1-3-50 拉动顶盖的钢索连接机构
1-可动滑块;2-齿轮;3-调整滑块;4-钢索;5-顶盖

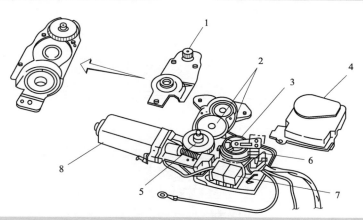

图1-3-51 驱动电动机总成
1-小齿轮;2-减速齿轮;3-凸轮;4-开关盖;5-驱动电动机;6-离合器;7-限位开关;8-继电器

(6)顶盖锁机构(图1-3-54)。

当顶盖全闭之后,为防止顶盖再度滑动并开启,应设置顶盖锁机构。顶盖全闭时,中断了向驱动电动机的供电,这时应自动将顶盖锁止。

顶盖锁止过程如图1-3-54a)所示。图中右上侧,顶盖滑板处于全开位置,并向关闭方向左移,这时锁销被弹簧顶起;图中中上侧,顶盖滑板继续左移,开始压缩锁销弹簧;图中左上侧,在锁止前,顶盖滑板进一步向左滑移,锁销弹簧继续处于被压缩状态,锁销仍可在滑板上滑动;图中左下侧,顶盖滑板向左移至全闭位置,锁销由压缩弹簧推入滑板的槽孔中,顶盖被锁止和固定。

顶盖从关闭到开启的过程如图 1-3-54b)所示。只需要按下盖板开关,使摇臂动作,摇臂端头便可将锁销从槽孔中推出。顶盖被解锁。

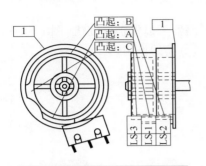

图 1-3-52　限位开关(位置检测用)
1-齿轮

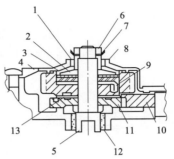

图 1-3-53　离合器
1-上衬套(外);2-离合器弹簧;3-离合器总成;4-蜗轮蜗杆;5-驱动轴;6-螺母;7-垫圈;8-上衬套(内);9-上垫圈;10-减速齿轮;11-齿轮;12-下衬套;13-下垫圈

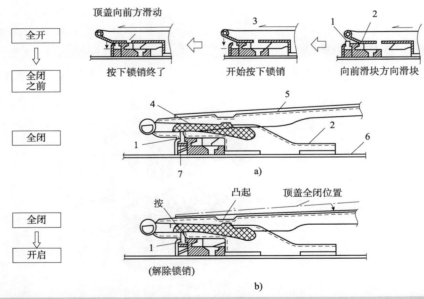

图 1-3-54　顶盖锁机构的动作
a)锁止过程;b)开锁过程
1-锁销;2-前滑块;3-车顶盖;4-臂;5-玻璃顶盖托架;6-导轨;7-弹簧

## 单元练习

请查阅相关资料并写出轿车车身覆盖件的生产工艺流程和材料特点。

# 单元四　车身材料

## 学习目标

1. 能列举目前车身常用材料及特点；
2. 能在车身结构中正确区分部分材料。

在轿车车身上使用的材料主要是由车身的三大部分——壳体、装饰、装备的特性所决定的，还包括一些辅助用材。由此决定了车身用材料的多样性。例如：钢板、铝板、橡胶、塑料、玻璃、皮革、棉毛织品等。

## 一、车身用金属材料

车身钢板通常有热轧和冷扎两种类型，热轧钢板是在730℃以上的高温下热轧而成的，厚度在4mm以上，在汽车上主要用于制造横梁和车架等比较厚的零部件。热轧钢板塑性和强度适中，其塑性较冷轧钢板差，容易在加工过程中产生开裂；冷轧钢板是由热轧钢板经过酸洗后冷轧变薄，并经过退火处理，它的表面质量好，精度高，具有非常好的塑性和可加工性，适合于弯曲和拉伸，不易断裂。冷轧钢板具有非常好的焊接性，其缺点是容易生锈，抗腐蚀性能较差。

薄钢板分类如图1-4-1所示。

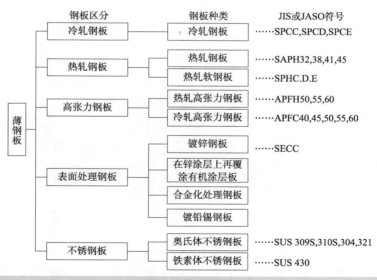

图1-4-1　薄钢板分类

1. 热轧软钢板

热轧软钢板是由含碳量少(0.15%以下)的钢锭热轧加工制成。热轧钢板使用在外观不需要很美观的部分,分为一般用、深冲用以及深度深冲用3种。

热轧软钢板力学性能和用途见表1-4-1。

**热轧软钢板的力学性能和用途实例** 表1-4-1

| 种类 | 符号 | 抗拉强度(MPa) | 伸长率(%) | | | | | | 用途实例 |
| --- | --- | --- | --- | --- | --- | --- | --- | --- | --- |
| | | | 厚度 1.0~1.2mm | 厚度 1.2~1.6mm | 厚度 1.6~2.0mm | 厚度 2.0~2.5mm | 厚度 2.5~3.2mm | 厚度 3.2~4.0mm | 厚度 >4.0mm | |
| 1种 | SPHC | >2.8 | >25 | >27 | >29 | >29 | >29 | >31 | >31 | 后轴壳 |
| 2种 | SPHD | >2.8 | — | >30 | >32 | >33 | >35 | >37 | >39 | 悬架、变速器壳 |
| 3种 | SPHE | >2.8 | — | >31 | >33 | >35 | >37 | >39 | >41 | 行李舱盖铰链 |

2. 冷轧钢板

冷轧钢板比热轧钢板的加工性优良且表面美观,一般所以大多使用在汽车车身、机械零件、电器等表面需要平滑美观的构造物品上,用途很广泛。冷轧钢板分为三种,其主要用途如下:

(1)碳钢和低合金结构钢冷轧钢板和钢带:一般使用于弯曲加工、轻度深冲加工,用以制作车身外板、零件的外壳、电气零件、钢制家具以及家庭用品等。相当于日本的SPCC。

(2)优质碳素结构钢冷轧薄钢板和钢带:使用在需要中等程度深冲成形的零件上,如电气机械、机械零件、各种容器等。相当于日本的SPCD。

(3)深度深冲用优质碳素结构钢冷轧薄钢板和钢带:用于深度深冲成形的零件,如汽车的翼子板、车门内板、油箱等。相当于日本的SPCE。

冷轧钢板的力学性能和用途见表1-4-2。

**冷轧钢板的力学性能和用途实例** 表1-4-2

| 种类 | 符号 | 抗拉强度(MPa) | 伸长率(%) | | | | | | 用途实例 |
| --- | --- | --- | --- | --- | --- | --- | --- | --- | --- |
| | | | 厚度 0.25~0.40mm | 厚度 0.40~0.60mm | 厚度 0.60~1.0mm | 厚度 1.0~1.6mm | 厚度 1.6~3.5mm | 厚度 >3.5mm | |
| 1种 | SPCC | >2.8 | >32 | >34 | >36 | >37 | >38 | >39 | 车底板 |
| 2种 | SPCD | >2.8 | >34 | >36 | >38 | >39 | >40 | >41 | 车门外板 |
| 3种 | SPCE | >2.8 | >36 | >38 | >40 | >41 | >42 | >43 | 前翼子板盖,车门内板 |

### 3. 高张力钢板

高张力钢板的抗拉强度达 6MPa 以上,具有普通软钢板的 2~3 倍的破坏强度。高张力钢板种类很多,受关注的是复合组织钢板。这种钢板比其他高张力钢板的屈服强度低,具有较大的延展性,所以加工成形性良好,近来新型车比较大的车型中在外板部分也使用了复合组织钢板。例如,日产新型 SUNNY 轿车每辆有 10~15kg 的使用量,新蓝鸟 910 型轿车的内板和外板采用了约 40kg 的高张力钢板。预计今后,每辆汽车高张力钢板的平均使用量将超过 200kg。高张力钢板的力学性能见表 1-4-3。

**高张力钢板的力学性能** 表 1-4-3

| 分类 | 种类 | 符号 | 抗拉强度（MPa） | 屈服强度（MPa） | 伸 长 率（%） | | | | |
|---|---|---|---|---|---|---|---|---|---|
| | | | | | 厚度<1.0mm | 厚度1.0~1.6mm | 厚度1.6~2.0mm | 厚度2.0~2.5mm | 厚度2.5~3.2mm |
| 冷轧 | 40kg级 | APFC40 | >4.0 | >2.4 | >30 | >31 | — | — | — |
| | 45kg级 | APFC45 | >4.5 | >2.8 | >26 | >27 | — | — | — |
| | 50kg级 | APFC50 | >5.0 | >3.2 | >23 | >24 | — | — | — |
| | 55kg级 | APFC55 | >5.5 | >3.6 | >20 | >21 | — | — | — |
| | 60kg级 | APFC60 | >6.0 | >4.0 | >17 | >18 | — | — | — |
| 热轧 | 50kg级 | APFC50 | >5.0 | >3.5 | — | — | >22 | >23 | >24 |
| | 55kg级 | APFC55 | >5.5 | >3.8 | — | — | >21 | >22 | >23 |
| | 60kg级 | APFC60 | >6.0 | >4.5 | — | — | >19 | >20 | >21 |

### 4. 表面处理钢板

节能问题的主要对策之一是轻量化,另一个要点是延长车辆的使用寿命。其手段之一是广泛使用表面处理钢板,使车身具有良好的耐蚀性。

表面处理钢板是在钢板的表面施以锌、铝等的金属镀层处理的钢板,以及喷涂锌粉漆并施以烘烤处理的涂装处理钢板等。

1) 镀锌钢板

镀锌钢板由成卷的磨光钢板通过熔融的锌槽所制成,若再将此熔锌镀锌钢板通过热炉加热,使其镀层的锌膜合金化,则成为合金化处理钢板。另一种施以电镀镀锌的镀锌钢板是将钢板置于锌的化合物溶解液中,以锌为阳电极,钢板为阴电极,通电使锌析出附着于钢板上制成。

这些镀锌钢板的涂膜密着性、电阻焊焊接性、锌膜附着层的均一性,以及成形加工性等各有所长,各钢铁制造公司按照汽车制造厂对不同使用部位及零件使用特性的要求加以研讨而做改进和完善。

2) 镀铅锡钢板

镀铅锡钢板是在冷轧光亮钢板上被覆一层铅锡金属,而铅锡为软金属,其覆盖膜具有润滑性,所以有利于冲床的成形加工,且焊接性也好。若镀层覆盖膜完整也不会产生腐蚀,这种材料使用于汽车油箱制品上。

3) 镀铝钢板

镀铝钢板使用在应对排气对策和排出废气高温化的排气管等制品上。车辆行驶时受到飞溅泥水和排放废气的影响,将使排气管等排气系统的零件快速腐蚀。在这样的条件下,使用镀铝钢板比一般的镀锌钢板稳定耐用,且价格比不锈钢便宜,因此广泛地用于排气管等零件上。

具体各种材料使用情况见表1-4-4。

使用在车身上的表面处理钢板　　　　表1-4-4

| 名　　称 | | 特　　征 | 使用部位 |
| --- | --- | --- | --- |
| 镀层钢板 | 熔锌镀锌板(单面、双面) | (1)镀层表面粗糙<br>(2)涂装密着性问题 | (1)下护板、车顶的内衬板、车门等<br>(2)车身底部 |
| | 合金化处理钢板 | (1)电阻焊接性及涂料密着性良好<br>(2)加工成形受限制 | |
| | 电镀镀锌板 | (1)电镀层膜厚均一<br>(2)镀层膜厚可调整 | |
| | 镀铝锡钢板 | (1)冲床加工的成形性优良<br>(2)焊接性良好 | 汽油箱 |
| | 镀铝钢板 | 高湿情况下耐蚀性强 | 消声器、排气管等相关零件 |
| 涂装处理钢板(锌粉漆) | | 具有较佳的防蚀性及加工性 | 下护板、车顶的内衬板、车门框等 |

4) 锌粉漆涂装处理钢板

锌粉漆涂装处理钢板为美国开发制成的涂装处理钢板。具有防锈力,同时也具有优秀的电阻焊接性,因而其用量在持续增加。以上介绍的表面处理钢板,可分为单面处理钢板和双面处理钢板两类。在涂装车身外板的场合,将表面处理钢板和普通冷轧磨光钢板混合使用时,涂装后的表面会显出鲜明的差别,且涂膜的密封性也有差异。表面处理的涂膜在遭受冲击时剥落,而产生涂装品质上的问题。因此,在车体的封闭部分(如侧护板等)使用单面的表面处理钢板;其内侧为表面处理层,具有耐蚀性,而外侧表面则与整个车壳一起涂装防锈。

5) 不锈钢板

不锈钢板是在碳钢中添加铬或者铬和镍,经热轧和冷轧所制成的钣金材料,极富耐蚀性,外观为光滑美观的银白色。在组织上,依铬和镍成分的多少,分为3类。如图1-4-2所示。

不锈钢板 { 铬不锈钢 { Cr13%……马氏体钢 / Cr18%……铁素体钢 / 镍铬不锈钢……Cr18%,Ni18%……奥氏体钢

图1-4-2　不锈钢的分类

铁素体钢以 SUS430(JIS GB 4301-13-1991)为代表对应我国 1Cr17Mo(GB 4329—1991)不锈钢和耐热钢冷轧钢板,奥氏体钢 0Cr18Ni10(GB 4239—1991)不锈钢和耐热钢冷轧钢板和钢带对应于日本 SUS304,含有 18%~20% 的铬以及 8%~10% 的镍,0Cr23Ni13(GB 1220—1992)不锈钢和耐热钢冷轧钢板和钢带对应于日本 SUS309S(JISC,4301-13-1991)冷轧不锈钢钢板和钢带,Cr18Ni10Ti(GB 4239—1991)不锈钢和耐热钢冷轧钢板和钢带对应于

日本SUS321（JISCA301-13-1991），具有良好的耐蚀性，在各种饰条类的零件上使用得很多。因为它具有优良的耐热性，在非金属车身零件的排气系统的零件上也有使用。具体各种材料使用情况见表1-4-5。

不锈钢板的化学特性和用途　　　　　　表1-4-5

| 分类 | 符号 | 化学成分(%) | | | | | | | 用途 |
|---|---|---|---|---|---|---|---|---|---|
| | | C | Si | Mn | P | S | Ni | Cr | |
| 奥氏体钢 | SUS309S | <0.08 | <1.00 | <2.00 | <0.040 | <0.030 | 12.00~15.00 | 22.00~24.00 | 进气、排气歧管 |
| | SUS310S | <0.08 | <1.50 | <2.00 | <0.040 | <0.030 | 19.00~22.00 | 24.00~26.00 | 进气、排气歧管 |
| | SUS304 | <0.08 | <1.00 | <2.00 | <0.040 | <0.030 | 8.00~10.50 | 18.00~20.00 | 车窗饰条、车轮饰盖 |
| | SUS321 | <0.08 | <1.00 | <2.00 | <0.040 | <0.030 | 9.00~13.00 | 17.00~19.00 | 触媒容器、排气管 |
| 铁素体钢 | SUS430 | <0.12 | <0.75 | <1.00 | <0.040 | <0.030 | — | 16.00~18.00 | — |

## 二、铝合金和镁合金材料

1. 铝合金

铝为银白色的金属，相对密度为2.7，熔点为657℃，而铁的相对密度为7.8，熔点为1535℃。在实用金属中除镁及铋外，以铝为最轻，其纯度最高可达99.99%，而通常为98.0%~99.7%。铝在纯金属状态下，性质柔软，强度不大，故不适宜单独作为构造用材料。但是，加入其他金属制成合金后，常温或高温加工容易，且可获得相当优良的力学性能，此种合金称为轻合金。

在小轿车上使用铝材的部分，仅限于使用在强度上没有很大影响的车身零件上。例如车门、发动机罩、行李舱盖等车身钣金零件上。其他也可以应用在外部零件上，其表面要求有金属辉亮状的部分。例如使用在饰条、散热器前饰罩等处。使用铝材时，为了防止氧化腐蚀而失去光泽，而将铝制品完成后再经阳极化处理，使其表面形成一层0.03mm厚的氧化铝膜，以达到耐腐蚀的目的，同时其表面也是可以再涂装的。板状的铝材或铸造品也都可以焊接，但是必须先除去焊接处阳极处理的氧化膜和使用焊接专用的铝焊剂。

铝合金在汽车上应用的出发点，不仅是一种轻质材料，可以降低汽车自重，提高燃油经济性，还有另外一个原因就是因为生产铝和回收铝的能量消耗少。

在汽车工业中，一般不直接采用纯铝作材料使用，汽车用铝材的主要类型为传统铝合金和泡沫铝合金，具体可以按以下几种方式进行分类：

(1) 传统铝合金根据合金元素的含量和加工工艺性能特征可分为铸造铝合金和形变铝合金两类。

①铸造铝合金。铸造铝合金是直接用铸造方法浇注或压铸成零件或毛坯的铝合金,其中又分为重力铸造件、低压铸造件等。其合金元素的含量比较高,合金元素的质量分数在8%~25%。一般铸造铝合金铸造性能好,压力加工性能差,且在实际使用中还要求铸件具有足够的力学性能,因此,铸造铝合金的成分并不完全都是共晶合金,只是合金元素的含量比形变铝合金高些。

铸造铝合金可根据使用目的、零件形状、尺寸精度、数量、质量标准、力学性能等各方面的要求和经济效益,选择最适宜的合金和铸造的方法。采用压铸法生产的铝合金零件,成品率高,能减少壁厚和后续加工量,表面质量好,尺寸精度高,很适于大批量生产。因此铸造铝合金在汽车上的使用量最多,占80%以上。

②形变铝合金。形变铝合金与铸造铝合金不同之处在于,形变铝合金是经熔炼铸成铸锭后,再经过热挤压加工形成各种型材、棒材、管材和板材。形变铝合金中合金元素含量比较低。常用的形变铝合合中合金元素总量小于5%,但在高强度形变铝合金中可达8%~14%。

形变铝合金按其成分和性能特点可以分为不能热处理强化铝合金和可热处理强化铝合金。不能热处理强化铝合金具备良好的抗腐蚀性,故称为防锈铝。可热处理强化铝合金的合金元素含量比防锈铝高一些,这类铝合金通过热处理能显著提高力学性能,它包括硬铝、锻铝和超硬铝。

形变铝合金在汽车上主要用于制造保险杠、发动机罩、车门、行李舱盖等车身面板,车轮的轮辐、轮毂罩、车轮外饰罩、车身框架、座椅骨架、车厢底板等结构件以及仪表板等装饰件。形变铝合金车轮的轮辋、轮辐在成形加下时会产生加工硬化,强度增加,故与铸件相比,强度、韧性都大大具有优越性。目前,汽车用形变铝合金量正在逐渐增加。

(2) 铝合金又可按照是否淬火硬化及所含合金分类。

用于车身内部结构的材料,一般采用不可淬火硬化的铝合金;而所对于外部覆盖件,较多采用可淬火硬化的铝合金。对于可淬火硬化的铝合金的常规热处理,主要有以下两类:一类是退火工艺,另一类是强化工艺。为了改进热处理工艺,提高铝合金的使用性能,还使用了回归再时效处理(RRA)、最终形变热处理和半固态成形及热处理,这些热处理工艺均可在一定程度上消除铝合金组织结构缺陷,提高其物理化学性能。

(3) 铝合金也可按照其所含合金元素分类。

汽车用铝合金是根据日本的 JISH4000 标准来划分的,从 1000 到 7000 进行了分类,用于汽车车身板的铝合金主要有 Al-Cu-Mg 系(2000 系列)、Al-Mg 系(5000 系列)和 Ai-Mg-Si 系(6000 系列)以及铝基复合材料等,其中 5038 和 5183 是汽车车身最常用的铝合金牌号。它们的具体分类见表 1-4-6。

Al-Cu 合金有高的抗拉强度;Al-Si 合金具有好的焊接性、高的耐腐蚀性和低的密度;Al-Zn 合金的切削性能好,只在不进行固溶处理时常温下经过较短时间的时效,可在一定程度上提高其强度;Al-Mg 合金具有优良的抗腐蚀性、好的切削加工性,并能通过阳极氧化得到漂亮的外观。Al-Zn-Mg 系铸造合金,作为高强度铸造铝合金得到发展。Zn、Mg 含量增加可提高合金强度。Al-Fe-Si 系合金中,Fe、Si 有利于增加强度和铸造性能的改善。

常用铝合金材料  表1-4-6

| 类别 | 合金 | 主要合金成分 | 典型合金牌号 | 抗拉强度(MPa) | 用途 |
|---|---|---|---|---|---|
| 非热处理型合金 | 1000系 | Fe、Si、Cu | 1070、1050、1100、1200 | 50~200 | 日用品、散热片、罩盖、铭牌、包装、建材、印制板、电线、装饰品、反射板 |
| | 3000系 | Mn | 3003、3004、3005 | 100~300 | 日用品、散热片、包、罐、建材、彩铝 |
| | 4000系 | Si | 4032、4043、4343 | | 活塞、汽缸盖、热交换器、焊条、建材 |
| | 5000系 | Mg | 5052、5082、5182、5083 | 100~400 | 建材、车辆、船舶、照相机、扣钉、低温油箱、压力容器 |
| 热处理型合金 | 2000系 | Cu、Mg | 2011、2017、2024 | 300~500 | 飞机、汽缸盖、活塞、电位器、钢钉、油压部件 |
| | 6000系 | Mg、Si | 6061、6063、6262 | 150~400 | 建材、车辆、家具、船舶、家电、照相机、电线、网球拍 |
| | 7000系 | Zn、Mg | 7003、7001、7075 | 350~700 | 飞机、车辆、船舶、散热片、垒球棒 |

①Al-Cu-Mg系(2000系列)合金。对于该系列铝合金,可以通过降低Fe、Si杂质元素来减少(Fe、Mn)Al6、(Fe、Mn)3CuAl2等脆性粗大第二相粒子,达到提高合金的断裂韧性和材料的横向性能的目的,另一方面还可以通过调整合金元素配比及添加微量元素,如添加过渡族元素Zr来提高合金的抗裂纹扩展性能。2000系列铝合金具有良好的锻造性、高的强度、良好的焊接性能,可热处理强化等特点,其强化相为CuMgAl2和CuAl2,但它的抗腐蚀性比其他铝合金差。2000系列铝合金中,2036合金已广泛用于生产车身板。具体来说,2036-T4合金板广泛用于轿车车身外板,如车顶、底板等,取代钢板时,可使外覆盖件减轻55%~60%。

②Al-Mg系(5000系列)铝合金。5182合金板特别适合于要求用延展方法成形的零部件,有好的冲压成形性能,适合于制造汽车车身内板,使用部位可以在车顶、行李舱盖、地板、空气过滤器和车门等处。

③Al-Mg-Si系(6000系列)合金。对该系列合金,可通过添加少量多种合金元素,如Cr、Ti、Zr来细化晶粒,改变再结晶状态,提高材料的强度和疲劳性能。6009-T4的合金板材可成形为汽车覆盖件,成形性能与5182-T4合金板相近,不出现吕德线,制造的汽车外板在烘烤、喷漆过程中不发生软化。使用部位包括车顶、行李舱盖、车门、侧围板、挡泥板等。6010-T4的成形性能与2036-T4相似,能提供更高的强度,可在冲压钢板的冲床上采用相似的线速度成形,精修方法和速度也与钢板相同,它的使用部位如车顶、行李舱盖、挡泥板等。6009-T4、6010-T4的塑性在适合成形的状态下,能获得更大的轻量化效果。

④铝基复合材料。金属基复合材料(MMC)是20世纪60年代诞生的一种材料,它是在连续的金属基体上分布着其他金属或陶瓷等增强体的一种物质。这种材料综合了基体金属和增强体的性能,因而具有单一材料难以达到的优良性能。铝基复合材料质量轻,比强度相比模量高,抗热疲劳性能好,耐磨性好,是金属基复合材料中应用最为广泛的一种。用于铝基复合材料的增强体有连续纤维、短纤维、晶须和颗粒等多种。

针对不同的增强材料和不同的应用场合,目前已开发出多种制备铝基复合材料的方法。如日本住友轻金属工业公司与美国雷诺尔兹铝制品公司共同开发出一种代号为 SG112-T4A 的车身铝合金复合材料板材,硬度比普通铝板高1.5倍,同时具有良好的冲压加工性。此种材料在冲压加工时较软便于拉延,而通过涂装及热处理后,硬度提高近1倍,见表1-4-7。

**SG112-T4A 铝板与普通铝板硬度比较**　　　　　　　　　　　表1-4-7

| 材　料 | SG112-T4A 涂装前 | SG112-T4A 涂装后 | 普通铝板 |
|---|---|---|---|
| 硬度(MPa) | 110 | 210 | 140 |

虽然 SG112-T4A 的板材价格是钢板的2倍,但质量可减轻50%,并且点焊工作量也减少30%以上,是一种很理想的车身用铝板。

**2. 镁合金**

镁是工业常用金属中最轻的一种,是地壳中含量最丰富的元素之一,占地壳组成的2%~5%,主要以白云石(碳酸镁钙)、镁菱矿存在。另外,海水中含有丰富的镁资源,取之不尽,即使按年产量1亿t镁计算,连续生产100万年,也只用了海水中镁的0.01%。镁的熔点为650℃,与铝的熔点相近。镁的密度为1.78g/cm$^3$,是铝的2/3,是铁的2/9。

工业上很容易提供纯度超过99.8%的镁,但纯镁很少在工程上应用。镁具有六方点阵结构,与镁形成固溶体的各种元素的合分化作用是显著的,能明显改善镁的各项性能。在镁合金中常用的合金元素有 Al、Zn、Mn、Si、Re、Ag、Cu 等,其中,铝和稀土元素的作用是改善镁合金的力学性能和铸造性能;锰能形成 AlFeMn 化合物,减少铁的质量分数,可提高镁合金的耐蚀性;锌能改进镁合金耐蚀性和强度;硅在组织中形成硬的硅质点,可提高镁合金蠕变强度;银则可以提高镁合金耐热性。

镁合金是实际应用中最轻的金属结构材料,仅与铝合金相比,镁合金的研究和发展还很不充分,应用也很有限。目前,镁合金的产量只有铝合金的1%。镁合金可分为铸造镁合金和变形镁合金。

镁合金一般按三种方式分类:化学成分、是否含变质剂锆(Zr)以及成形工艺。根据化学成分,以5个主要合金元素 Mn、Al、Zn、Zr 和稀土元素为基础,组成合金系:Mg-Mn,Mg-Al-Mn,Mg-Al-Zn-Mn,Mg-Zr,Mg-Zn-Zr,Mg-Re-Zr,Mg-Ag-Re-Zr,Mg-Y-Re-Zr。铁对镁合金具有强烈的细化晶粒作用,根据镁合金是否含锆分为无锆镁合金和含锆镁合金两类。根据加工工艺划分,镁合金可分为铸造镁合金和变形镁合金两大类,两者在成分、组织性能上存在很大的差异。铸造镁合金多用于压铸工艺生产,其特点是生产效率高、精度高、铸件表面质量好、铸态组织优良、可生产薄壁及复杂形状的构件;变形镁合金指可用挤压、轧制、锻造和冲压等塑性成型方法加工的镁合金,与铸造镁合金相比,变形镁合金具有更高的强度、更好的塑性和更多的样式规格。

汽车所用的镁合金材料目前还多以铸造镁合金为主，如 AM（Mg-Al）、AZ（Mg-Al-Zn）、AS（Mg-Al-Si）、AE（Mg-Re）四大系列铸造镁合金。变形镁合金主要有 Mg-Al-Zn 系合金（AZ31C、AZ61A、AZ80A）和 Mg-Zn-Zr 系合金（ZK60）两大类。变形镁合金主要用于车身组件（车门、行李舱、发动机罩等）的外板、车门窗框架、座椅框架、底盘框架、车身框架等。变形镁合金在车身上的应用具有很大的潜力。

最近正在开发或已开发成功的新型镁合金有耐蚀镁合金、阻燃镁合金、高强高韧镁合金和变形镁合金等。

镁合金具有如下特点：

（1）质量轻，这对于现代汽车产品是至关重要的，这一特性将显著地减少其起动惯性，并节省燃料消耗。

（2）有较高的比强度、比弹性模量和刚性，比强度约为铝的 1.8 倍。

（3）有较高的稳定性，稳定的收缩率，铸件和加工件尺寸精度高。

（4）镁合金具有良好的阻尼系数，良好的降噪减振性能，这对用作壳类零件减小噪声传递、防冲击与凹陷损坏是重要的，可以提高汽车的安全性和舒适性。

（5）导热性好，适用于设计集成度高的电子产品；电磁屏蔽性能较好的防电感干扰的电动汽车。

（6）与塑料相比，可回收性能好，符合环保要求。

（7）切削加工性能极好，镁合金与铝合金、铸铁、低合金钢切削功率的比值分别为 1:1、8:3、5:6.3。

（8）铸造成形性能好，镁合金压铸件最小壁厚可达 0.6mm，而铝合金为 1.2～1.5mm；模铸生产率高，与铝相比镁的结晶潜热小，镁在模具内凝固快，一般来说，其生产率比铝高出 40%～50%，最高时可达铝的两倍；镁与铁的反应性低，压铸时压铸模烧损少，与铝合金相比，压铸模使用寿命提高 2～3 倍，通常可维持 20 万次以上。

除以上主要特性外，镁合金还具有长期使用条件下的良好抗疲劳性能，较低的裂纹倾向，以及无毒、无磁性等一些特点。

## 三、车身常用非金属材料

1. 塑料

车辆上使用数量较多的塑料零件，其优点是可以减轻车重。车身的塑料件在某些强度和刚性要求不高，但要求有良好成形的零件中使用较多。例如散热器前饰罩、通风栅板、车灯壳及饰罩、内把手及内扶手等零件大都使用塑料制品。由具体的例子来看，用铸铁制成的水泵的转子质量约为 60g，若使用环氧树脂质量约为 20g。又例如钢板制成的空气滤清器质量约为 1.9kg，而尼龙制的质量约为 0.8kg。钢板车身质量约为 250kg，而强化玻璃纤维塑钢（FRP）制的车身质量约为 120kg。强化玻璃纤维塑钢（FRP）是由玻璃纤维与聚酯树脂合成，比一般用材硬，属阻燃耐火材料，原料价格比钢板贵。但塑钢制的车身质量轻，能减少车辆的质量，节省能源且能耐腐蚀。

聚丙烯树脂通常用 PP 代表，系由丙烯聚合而成为合成树脂中最轻者，机械强度良好，绝缘性佳，能耐热且不易龟裂。汽车中用在制造车内灯、烟灰缸盖、收音机、冷气栅格等零件上。

ABS 聚合体其抗拉强度及耐冲击性均优良,可用以制造前挡泥板、蓄电池盖、加速踏板、门板、冷气机外壳等,用途颇广。将塑料材料用来制成大件零件的例子是制成可耐冲击的保险杠。

塑料的种类很多,按其热性能不同,可分为热固性塑料和热塑性塑料。

**热固性塑料**:第一次加热时可以软化流动,加热到一定温度,产生化学反应——交链固化而变硬,这种变化是不可逆的,此后,再次加热时,已不能再变软流动了。正是借助这种特性进行成形加工,利用第一次加热时的塑化流动,在压力下充满型腔,进而固化成为确定形状和尺寸的制品。

**热塑性塑料**:指具有加热软化、冷却硬化特性的塑料。日常生活中使用的大部分塑料属于这个范畴。加热时变软以至流动,冷却变硬,这种过程是可逆的,可以反复进行。热塑性塑料中树脂分子链都是线型或带支链的结构,分子链之间无化学键产生,加热时软化流动,冷却变硬的过程是物理变化。

与钢铁比较,塑料的优点为:

(1)相对密度小。
(2)成形性良好。
(3)无金属的外观及具有触感。
(4)有柔软性。
(5)耐蚀性良好。
(6)隔声、防振、隔热性能良好。

汽车用轻质材料性能比较见表 1-4-8。

**汽车用轻质材料比较表**　　　　表 1-4-8

| 项目＼材料 | 铝 材 | 高强度钢板 | 塑 料 |
|---|---|---|---|
| 特征 | (1)质量轻(相对密度约为钢的 1/3)<br>(2)导电性、热导率佳<br>(3)耐蚀性优良<br>(4)表面美观<br>(5)加工性、铸造性良好<br>(6)适于大量生产 | (1)抗拉强度大,可减少板的厚度<br>(2)同一抗拉强度条件下,材料费比钢板便宜 15%～30% | (1)质量轻<br>(2)加工性优良<br>(3)耐蚀性良好<br>(4)同一弯曲刚性条件下的相当质量比软钢板轻 |
| 用途 | (1)铸造品:汽缸头、曲轴箱、活塞、油泵、水泵<br>(2)轧延品:饰条、饰罩(散热器)、机油冷却器等热交换器 | (1)各种大梁、车架类<br>(2)保险杠<br>(3)门板<br>(4)车身其他外板 | (1)装备零件:散热器前罩、车灯壳及饰罩、内把手、扶手等<br>(2)外板零件:前护板、后护板、保险杠等 |
| 主要问题 | (1)材料费较高(钢的 8～9 倍)<br>(2)长期材料购买受成本变动的不安定因素所影响<br>(3)焊接法需要改良 | (1)材料费高(比软钢板高 10%～30%)<br>(2)加工变形性低<br>(3)影响电阻焊接性,强度变小<br>(4)模具寿命减短 | (1)材料费高(同一质量的情况下,为软钢的 3～5 倍)<br>(2)生产性低(每一循环须 2～4min)<br>(3)耐热性、弹性系数低 |

## 2. 橡胶

轿车为了防风、防漏以保护车厢内不受雨水、灰尘侵入的影响,在车门或车窗上与车身配合的间隙部分都使用很多的防水橡胶密封,其他像行李舱的框缘也装上橡胶密封条,保护行李舱内的货物。一般这些密封条为了防止吸收水分,其表面用高密度的橡胶制成,而里面为海绵状,具有伸缩的弹性,使闭合良好。

装配前风窗玻璃及后风窗玻璃的防水橡皮条,必须具有将玻璃夹紧及套住车身凸缘的特性,所以橡胶密封条其横断面形状颇为复杂,如图1-4-3所示。

## 3. 玻璃

为了确保驾驶人的视野以及车辆碰撞时乘坐人员的安全,世界上主要汽车制造国家在法律上对汽车各个车窗玻璃的种类及品质都有规定,规定的内容见表1-4-9。

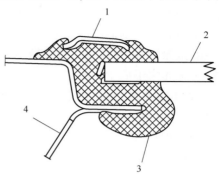

图1-4-3 橡胶密封条
1-饰条;2-安全玻璃;3-橡胶密封条;4-车身

主要国家对汽车车窗玻璃使用规定　　　　表1-4-9

| 国家\区分 | 前窗(光线透过率) | 侧窗及后窗 |
| --- | --- | --- |
| 日本 | 中间膜厚0.38mm以上的胶合玻璃或是部分钢化玻璃(70%以上) | 钢化玻璃 |
| 美国、法国 | 中间膜厚0.76mm以上的胶合玻璃(70%以上) | 钢化玻璃 |
| 德国、英国、意大利 | 中间膜厚0.76mm以上的胶合玻璃或是部分钢化玻璃(德国75%以上 英国、意大利>70%) | 钢化玻璃 |
| 瑞典、芬兰 | 中间膜厚0.76mm以上的胶合玻璃 | 钢化玻璃 |
| 澳大利亚 | 中间膜厚0.76mm以上的无色胶合玻璃或是无色的部分钢化玻璃(85%以上) | 钢化玻璃 |

1)钢化玻璃

汽车的风窗玻璃一般都使用钢化玻璃,钢化玻璃是为了增加玻璃的强度以减少破损,这是由普通平板玻璃或磨光玻璃经热处理后而得到的一种淬火玻璃,有全钢化玻璃和半钢化玻璃。钢化玻璃破损后即破碎成无尖锐状的碎粒,因此用在风窗玻璃及车窗玻璃上,在车辆肇事时,可避免碎片伤人。

(1)性能特点。

①弯曲强度比普通玻璃大5~6倍。

②冲击强度和疲劳强度都较高,比普通玻璃高几倍。

③挠度很大,比普通玻璃大3~4倍。

④热稳定性高,可经受120~130℃的温度差而不炸裂。

⑤钢化玻璃发生破碎时,整个玻璃面会蒙上一层稠密的裂缝网,从而使透视变得困难,

而且一受振动,玻璃就会破碎。

⑥玻璃破碎后,形成黄豆粒大小的细粒,且没有尖角,无锋锐碎片,无碎屑飞散,不致伤人,使用安全性好。

⑦耐高温和耐低温性能强,可长期在高温或低温季节使用而不改变性能。

⑧抗振性好,在汽车上可长期地经受振动而不改变性能。

⑨透光率不低于80%。

(2)用途。用于制作汽车上的玻璃制品,例如一般车速的汽车驾驶室风窗玻璃和车门玻璃。

(3)使用方法。

①钢化玻璃需在淬火前截割成形,淬火后无法裁切。

②平板钢化玻璃的边部是最薄弱的部分,在装配玻璃时,通常边部要嵌入橡皮条的框架内,且在使用期间不能承受动载荷。

③凡是以钢化玻璃制成的汽车门窗玻璃不要随便截割,因为钢化玻璃一截割,就破坏了内部的内应力,也就整个地破碎了。

④某些表面缺陷可用磨料(如砂轮、浮砂、红粉等)进行修正,但是不能加工,其拉伸层不能钻孔、切边等。

⑤如行驶中玻璃发生破碎,必须采取紧急措施,将钢化玻璃碎片除掉或调换玻璃,这样才能继续行驶。否则,形成稠密裂缝网的整个破碎玻璃面一受振动,就会由窗框中飞出。

2)夹层玻璃(胶合玻璃)

夹层玻璃是由两片机制平板玻璃,中间夹以塑料夹层,通过黏结剂、软化剂处理,再经过滚压、热压处理,使之黏结后逐渐冷却而制成的玻璃。

(1)种类。根据所用塑料夹层的不同,有聚乙烯醇缩丁醛夹层玻璃、聚丙烯酸甲酯夹层玻璃,醋酸纤维夹层玻璃和硝酸纤维夹层玻璃(目前较少采用此种玻璃)。汽车上主要使用聚乙烯醇缩丁醛夹层玻璃。

(2)性能特点。

①具有优良的力学性能。

②弯曲强度比钢化玻璃小,但比普通玻璃高。

③冲击强度与钢化玻璃相近,但当冲击速度增加时,其冲击强度比钢化玻璃高得多。

④夹层玻璃在被击碎后,玻璃碎块仍旧粘在塑料夹层上,使用安全性能比钢化玻璃好。

⑤破碎时,碎片最长不大于5mm,且无碎屑。

⑥夹层玻璃可以用刀具随意切割。

夹层玻璃呈无色、浅绿色或天蓝色。通常前面的风窗玻璃,有时中间夹层薄膜的上半部为有色的,以减少阳光对驾驶人照射的程度。它的透光率不低于80%。

(3)用途。在汽车维修作业中,常用来制作风窗玻璃和车厢的门窗玻璃,尤其是高速汽车以使用夹层玻璃为好。

(4)使用方法。

①可根据所需形状,用刀具截割成形。

②夹层玻璃在受到打击、产生裂口后,仍可继续使用。

③夹层玻璃为了避免空气、潮气和玻璃中的夹层塑料产生化学反应,常在夹层玻璃周边涂上一层不透水的封口胶。

另外,在欧美等国家也开发了一种外板为普通平板玻璃、内板为液冷强化玻璃合成的玻璃。此外,还有吸收红外线玻璃、嵌入天线的玻璃、电导体玻璃等各种特殊用途的玻璃。

3) 有机玻璃

这是一种高度透明的热塑性塑料,属于透光材料之一。

(1) 种类。它是用丙酮、氰化烃或者异丁烯等制成的甲基丙烯酸甲酯经聚合而成聚甲基丙烯酸甲酯,即俗称的有机玻璃。

(2) 性能特性。

①具有一定的机械强度,在一般条件下尺寸稳定,成形容易,但是质较脆,表面容易擦毛,作为透光材料表面硬度不够。

②绝缘性能好,耐腐蚀性能较好,易溶于有机溶剂(如醇、酮、芳烃、氯化烃等)。但是,不耐碱,比较难以着火,而着火后燃烧缓慢,离火后继续燃烧。有机玻璃的性能见表1-4-10。

**有机玻璃的性能**　　　　　　　　　　表1-4-10

| 性　能 | 数据及说明 | 性　能 | 数据及说明 |
| --- | --- | --- | --- |
| 透光率(%) | 92(加速老化240h后不变,室外10年后降至89%) | 线膨胀系数(1/K) | $7.3 \times 10^{-5}$ |
|  |  | 比热容[J/(kg·K)] | 1465 |
| 相对密度 | 1.19 | 热变形温度(K)1819kPa | 369 |
| 吸水率(%) | 2.1(浸入20mL水中) | 455kPa | 380.2 |
| 折光率(%) | 1.491 | 最高使用温度(K) | 338~368 |
| 抗拉强度(MPa) | 49~77 | 表面电阻(Ω) | $2 \times 10^{18}$ |
| 伸长率(%) | 2~7 | 体积电阻(Ω·m) | $6 \times 10^{19}$ |
| 抗弯强度(MPa) | 91~120 | 介电常数(60Hz) | 3.7 |
| 抗压强度,屈服(MPa) | 84~126 | 耐电弧 | 尚可 |
| 抗冲击强度,缺口(MPa) | 0.8~1.0 | 耐气候性 | 比较好,可室外使用,色泽变化小 |
| 硬度(HB) | 20 |  |  |
| 玻璃化温度(K) | 378 |  |  |

(3) 用途。在轿车维修作业中,制造某些透光材料零件,例如驾驶室的遮阳板、后灯灯罩、发动机罩前标志、暖风说明牌等。用改性有机玻璃(甲基丙烯酸甲酯、苯乙烯共聚物)制作轿车的指示灯护镜。

(4) 使用方法。

①为消除引起有机玻璃制品翘曲的内应力,使用时可自行进行退火处理。可将有机玻璃制品放入空气炉或红外线加热炉中,升温到190℃以上,再随炉冷却。

②可用木工机械切割有机玻璃。有机玻璃表面硬度较低,使用时要尽量注意不要被硬

物损伤表面。有机玻璃使用温度不高,最高使用温度为 65~95℃,使用时应注意。要避免和某些有机溶剂及碱类接触,以防溶解和受侵蚀。

4. 衬垫材料

汽车维修作业中,常用的是聚氯乙烯人造革。它由聚氯乙烯树脂、增塑剂、稳定剂、着色剂、填充剂及其他各助剂经机械研磨、搅拌混合后,用涂刮法、压延法或挤出法,将涂层与布基(棉织物)或纤维基(纸基、无纺布基等)结合在一起,再经过热处理、熔融和压纹等表面处理后制成;也可在基材表面贴上一层聚乙烯薄膜,表面压成类似皮革纹路的花纹而成;当在配方中加入发泡剂时,还可以制成发泡人造革。

1)种类

按所用基材分,有棉布基和纤维基两类。棉布基有布基、漂布基、帆布基、针织布基等,纤维基有纸基和无纺布基等。汽车上使用的多是织布基人造革。

另外,还有单面人造革(单面涂塑料)和双面人造革(双面涂塑料)之分。根据所用聚氯乙烯树脂型号及棉布规格,可分为 302 帆布聚氯乙烯人造革、382 鼠纹布人造革和 347 细平纹布人造革三种牌号。聚氯乙烯人造革的尺寸规格,见表 1-4-8。

2)性能特点

(1)结构上是由表面层、中间层、纤维层等组织制成,不像天然革那样是同质连续结构。

(2)色彩多样,外观鲜艳,不易脏污。质地柔软,表面手感滑爽。强度大,耐折、耐磨。抗蚀性强,耐酸、耐碱、耐水、耐大气侵蚀。具有一定阻燃性能,具有一定的防雾性能。

(3)吸湿性差,透气性差。其中增塑剂(如邻苯二甲酸酯类、磷酸三甲酚酯类等)、稳定剂(有机铅类)和防霉剂(汞、酸、铜、锡)都有毒性。常用的聚氯乙烯人造革的规格和性能见表 1-4-11 和表 1-4-12。

聚氯乙烯人造革尺寸规格　　　　　表 1-4-11

| 布基 | 产品名称 | 宽度(mm) | | 厚度(mm) |
|---|---|---|---|---|
| 市布 | 聚氯乙烯漂市布人造革 | 720 ± 20 | | 0.45 ± 0.05 |
| | | | | 0.55 ± 0.05 |
| | 聚氯乙烯染色市布人造革 | 750 ± 20 | 800 ± 20 | 0.45 ± 0.05 |
| | 聚氯乙烯染色市布泡沫人造革 | 750 ± 20 | 800 ± 20 | 0.55 ± 0.05 |
| | | | | 1.0 ± 0.10 |
| | 聚氯乙烯市布人造革 | 800 ± 20 | 850 ± 20 | 1.1 ± 0.10 |
| | 聚氯乙烯市布泡沫人造革 | 800 ± 20 | 850 ± 20 | 0.55 ± 0.05 |
| | | | | 0.65 ± 0.05 |
| | | | | 0.80 ± 0.07 |
| | | | | 1.0 ± 0.10 |
| 帆布 | 2×2 帆布基聚氯乙烯人造革 | ≥700 ± 20 | | 0.75 ± 0.07 |
| | 2×3 帆布基聚氯乙烯人造革 | 720 ± 20 | 780 ± 20 | 0.85 ± 0.07 |
| | 3×3 宽帆布基聚氯乙烯人造革 | 1250 ± 30 | | 1.0 ± 0.10 |
| | 4×4 帆布基聚氯乙烯人造革 | 780 ± 20 | 880 ± 20 | 0.9 ± 0.10 |
| | 16×12 帆布基聚氯乙烯人造革 | 850 ± 20 | | 0.8 ± 0.07 |

聚氯乙烯人造革的性能    表 1-4-12

| 项目 | 漂布染色市布人造革 | | 染色市布泡沫人造革 | | 市布人造革 | | 市布泡沫人造革 | | 2×2 帆布人造革 | | 3×3 帆布人造革 | | 3×3 宽帆布人造革 | | 4×4 帆布人造革 | | 16×12 帆布人造革 | |
|---|---|---|---|---|---|---|---|---|---|---|---|---|---|---|---|---|---|---|
| | 一 | 二 | 一 | 二 | 一 | 二 | 一 | 二 | 一 | 二 | 一 | 二 | 一 | 二 | 一 | 二 | 一 | 二 |
| 断裂强度(N/50cm)不小于 | 经 | | | | | | | | | | | | | | | | | |
| | 392 | 343 | 392 | 343 | 490 | 441 | 490 | 441 | 637 | 539 | 735 | 637 | 1078 | 980 | 833 | 735 | 686 | 588 |
| | 纬 | | | | | | | | | | | | | | | | | |
| | 323 | 274 | 323 | 274 | 392 | 343 | 392 | 343 | 490 | 392 | 588 | 490 | 931 | 833 | 686 | 588 | 588 | 490 |
| 剥离强度(N/20cm)不小于 | 9.8 | 7.84 | 9.8 | 7.84 | 11.8 | 9.8 | 9.8 | 7.84 | 12.7 | 10.8 | 14.7 | 11.8 | 14.7 | 11.8 | 15.7 | 12.7 | 11.8 | 9.8 |
| 耐寒试验 | 一级品 253K 不裂;二级品 258K 不裂 | | | | | | | | | | | | | | | | | |
| 耐老化试验 | 一级品 263K 不裂;二级品 268K 不裂 | | | | | | | | | | | | | | | | | |

3）用途

在轿车维修作业中,制造或修补人造革制件,如轿车内护面用的蒙布、汽车坐垫、靠背、车门内板及其他装饰覆盖物等,这些多用 302 帆布人造革和 382 鼠纹布人造革制造。

4）使用方法

（1）可按制件的形状和所需面积量好尺寸,用剪刀剪切成块,之后用缝纫机械轧制成形即可。

（2）由于聚氯乙烯人造革配方中许多材料是有毒的,使用时要防止中毒。

（3）聚氯乙烯人造革应在室内储存,室内空气要流通、干燥、防止起霉、发白。储存时不要靠近热源。储存时,应尽量避免重压,尤其是泡沫人造革更要注意防压。存放时应竖向放置。泡沫塑料是弹性衬垫材料之一。

5. 泡沫塑料

1）种类

常用的有聚氯乙烯泡沫塑料和聚氨酯泡沫塑料两种。此外,还有一种泡沫橡胶,也可作为弹性衬垫材料使用。

（1）聚氯乙烯泡沫塑料,有硬质和软质两种。

①硬质塑料是在加工时,先用溶剂溶解聚氯乙烯树脂,成形溶剂受热挥发而成。

②软质塑料是由加有增塑剂的聚氯乙烯,在加入发泡剂等之后,经过混炼、塑炼,在模具中加热、熔融、冷却、热处理膨胀等过程而制成。弹性垫所用的是软质聚氯乙烯泡沫塑料。

（2）聚氨酯泡沫塑料的主要原料是二异氰酸酯和多羟基化合物。其生成原理是异氰酸酯与适量的水分起作用,使之分解出二氧化碳气体进行发泡;也可在配方中加入挥发性组分,经加热挥发而发泡。聚氨酯泡沫塑料有软质、硬质和半硬质之分。

① 软质的主要分子结构是线型的,是热塑性的。弹性垫所用的是软质聚氨酯泡沫塑料。

② 硬质的主要分子结构是网型的,无热塑性。

③ 半硬质的介于两者之间,稍有热塑性,但不能熔融。

(3) 泡沫橡胶又称乳胶海绵,也可作为弹性垫材料使用。

2) 性能特点

(1) 聚氯乙烯泡沫塑料相对密度小,导热系数低,隔热性好,软质塑料耐熔性差,热收缩率大。耐溶剂和油类性能差,遇到某些溶剂和油类会溶胀和变形。因其中的增塑剂是非反应性添加剂,有助于多种细菌的生长,因此表面易发霉。压缩变形较大。

(2) 聚氨酯泡沫塑料相对密度小,导热系数低,隔热性好、隔声性、防振性好,具有良好的弹性。部分物理性能如下:密度 $0.05 \sim 0.07 \text{g/cm}^3$;静压缩永久变形率不大于5%;多次压缩永久变形率不大于5%。耐寒性:在 $-40$℃低温下不全部失掉弹性,变形率不小于15%。根据不同用途,制成具有特定密度、柔软性、伸长率、压缩性的弹性垫。改变其原料配方,可以在很大范围内调整其软硬程度及密度($20 \sim 960 \text{kg/m}^3$),开孔率达95%。强韧:有很好的压缩变形,回弹时间很短。通过添加助剂,可获得阻燃性能和其他性能。聚氨酯泡沫塑料能耐多种溶剂和油类侵蚀,其组分几乎全是反应性的,无助于某些细菌的生长,因此表面不易发霉。比聚氯乙烯泡沫塑料具有更好的耐化学性、抗拉和抗撕强度。在相同密度下,抗拉强度比聚氯乙烯泡沫高20%,抗撕强度则大100%。压缩变形值很小,接近于零,回弹性良好。

(3) 泡沫橡胶 以 $49 \text{kPa}(0.5 \text{kgf/cm}^2)$ 的负荷压缩海绵零件时,其压缩量不低于原高度65%,压缩后停留1min,其永久变形不超过3%。将它压缩至原高的50%,共进行25万次压缩后,其永久变形不超过7.5%,也不出现破裂现象。貌似密度不大于0.25。老化系数不小于0.9。

3) 用途

在维修作业中,泡沫塑料作为汽车的隔声、隔热、防振、密封等材料使用。聚氯乙烯泡沫塑料可用以制作汽车的地毯、垫条、密封条。聚氨酯泡沫塑料可用以制作汽车坐垫、靠背及需隔热、隔声、防振的顶盖内饰板和平衡杆球头封垫圈等。软质聚氨酯泡沫制作防撞材料。半硬质聚氨酯泡沫塑料制作某些车身结构材料(其密度约为 $200 \text{kg/m}^3$)。汽车坐垫也可用泡沫橡胶制作。

4) 使用方法

可按实际需要的形状和面积,用机械方法将泡沫塑料或泡沫橡胶剪切成形,铺垫或装填在相应部位,予以包装、固定即可。聚氯乙烯泡沫塑料要尽量避免接触油类和其他溶剂,以防溶胀和变质,在其使用的部位(如地板等)要避免形成高温,以防泡沫受热,产生较大收缩。

## 四、车身未来材料发展

1. 碳纤维

碳纤维,是一种含碳量在95%以上的高强度、高模量纤维的新型纤维材料。它是由片状石墨微晶等有机纤维沿纤维轴向方向堆砌而成,经碳化及石墨化处理而得到的微晶石墨材料。碳纤维"外柔内刚",质量比金属铝轻,但强度却高于钢铁,并且具有耐腐蚀、高模量的特性。

碳纤维是军民两用新材料,可加工成织物、毡、席、带、纸及其他材料。传统使用中碳纤维除用作绝热保温材料外,一般不单独使用,多作为增强材料加入到树脂、金属、陶瓷、混凝土等材料中,构成复合材料。碳纤维增强的复合材料可用作飞机结构材料、电磁屏蔽除电材料、人工韧带等身体代用材料以及用于制造火箭外壳、机动船、工业机器人、汽车板簧和驱动轴等。

1994~2002年,随着从短纤碳纤维到长纤碳纤维的学术研究,使用碳纤维制作发热材料的技术和产品也逐渐进入军用和民用领域。车用碳纤维复合材料可用作汽车传动轴、板簧、构架和制动片等制件。目前钢铁材料约占车体质量的3/4,如果汽车的钢材部件全部由碳纤维复合材料置换,车体质量可减轻300kg,燃油效率提高36%,二氧化碳排放量可削减17%。我国汽车年产量将突破2000万辆,预计今后还会继续上升。研制轻量化汽车是实现我国低碳经济的迫切需求,汽车应用碳纤维是轻量化的新选择。

碳纤维在汽车上的应用的优点:

(1)轻量化。

碳纤维在汽车上的应用最主要是它所带来的汽车轻量化。目前钢铁材料约占车体质量的3/4,如果汽车的钢材部件全部由碳纤维复合材料置换,车体质量可减轻300kg。

(2)安全性。

与钢材相比,碳纤维复合材料质量是钢的50%,而在碰撞中对能量的吸收能力却比钢高出4~5倍。碳纤维复合材料制造汽车前端框架和保险杠骨架。呈尖塔状的碳纤维溃缩柱由无数根粗壮的碳纤维编织而成,虽然结构依旧无比坚固,但是通过材料、工艺和产品结构的设计,这种溃缩柱能够在正面碰撞时破碎成无数细小的碎片,从而吸收大量的能量,并且碎片不会对人造成伤害,保证了汽车的安全性。

(3)燃油经济性。

由于全球气温变暖,自然灾害不断出现,各国在节能减排上都在不懈地努力。减少碳的排放将是未来发展的主流。汽车越轻,燃油经济性越好。当车体质量减轻300kg,燃油效率了提高36%,二氧化碳排放量可削减17%,可有效节约能源与保护环境。

碳纤维在汽车上的应用(图1-4-4)如下:

(1)汽车车身和底盘。由于碳纤维增强聚合物基复合材料有足够的强度和刚度,是制造汽车车身和底盘等主要结构件的最轻材料。预计碳纤维复合材料的应用可使汽车车身和底盘减轻质量40%~60%,相当于钢结构质量的1/3~1/6。

英国材料系统实验室曾对碳纤维复合材料减重效果进行研究,结果表明,碳纤维增强聚合物材料车身质量为172kg,而钢制车身质量为368kg,减重约50%。

(2)制动片。碳纤维还因为其环保和耐磨的特点而应用在制动片上,但含有碳纤维复合材料的产品都价格偏高,所以,目前这种制动片还主要应用在高档汽车上。碳纤维制动盘被广泛用于竞赛用汽车

图1-4-4 碳纤维在汽车的应用

上,如 F1 赛车。它能够在 50m 的距离内将汽车的速度从 300km/h 降低到 50km/h,此时制动盘的温度会升高到 900℃以上,制动盘会因为吸收大量的热能而变红。碳纤维制动盘能够承受 2500℃的高温,而且具有非常优秀的制动稳定性。

(3)轮毂。德国的轮毂制造专家推出的轮毂系列,采取 2 片式设计,外环为碳纤维材质打造,内毂为轻量化的合金,搭配不锈钢制的螺栓,较一般同尺码的轮毂质量小 40%左右。以 20in(英寸)的轮毂为例,该轮毂质量为 6kg,而一般轮毂约为 18kg。英国 Kahm 公司使用 CFRP 制得的 RX-X 型高级汽车专用车轮,质量仅为 6kg,可高速行驶,并可最大限度地降低车轮的径向惯性力。由英国 DYMAG 公司开发的世界最轻碳纤维/镁车轮由碳纤维轮辋和镁制动盘两部分组成,并用镀钛的特殊硬件连接起来。

当前碳纤维在汽车应用上的局限性:

(1)构成碳纤维车架的是碳纤维,它的特点是抗拉强度强,但剪断强度弱,加工时需要进行复杂的应力计算(纵刚性、横刚性),根据计算把碳纤维片重叠成形。一般来讲,碳纤维抗面的冲击相当好,而抗穿刺能力就很差了。

(2)价格昂贵,和钛合金相比,碳纤维车架的价格有过之而无不及,碳纤维车架的制作过程需要很多的手工,并且报废率很高,造成成本大量上升。

(3)虽然碳纤维强度大,但是碳纤维是脆性材料,受力过大不会发生形变而是直接断裂,所以损坏后基本无法修复,只能更换。

**单元练习**

**活动 1**:请查阅相关资料,完成"铝合金在车身材料中的应用情况"这一小论文。

**活动 2**:请查阅相关资料,完成"丰田普锐斯中铝合金的材料特性及维修工艺要求"这一小论文。

# 单元五　车身结构件拆装基本工具

## 学习目标

1. 能够列出车身修理中最常见的手动工具；
2. 能够正确选用各种手动工具。

手动工具是汽车机械技师和车身技师都要常用的工具，其中包括扳手、旋具、钳子以及其他常用的工具。手动工具可用于拆卸零件、翼子板、车门和类似总成。车身修理的手动工具包括：通用工具、金属加工工具和车身表面加工工具。

手动工具是人们身体的一种延续，它们能帮助人完成单纯用双手无法完成的任务。如果知道如何为工作选择正确的工具，就能在短时间内更高质量地完成工作。丰富的手动工具知识是一名技师经验丰富的标志。没有正确的工具，即使是最好的车身技师也不能做到优质的车身修理。手动工具一般可分为扭转类手动工具和固定和卡紧类手动工具。

## 一、扭转类手动工具

扭转类工具主要用来拧紧或旋松螺栓、螺母和螺钉，用来扭转其他带有螺纹的零件，主要包括扳手、套筒、螺丝刀、专用旋具和其他专用工具等。

### 1. 扳手

对汽车车身技师而言，一套完整的各种扳手是必不可少的。各种各样的车身零部件、附件以及修理厂设备，都使用普通的螺栓螺母。紧固件既可能是标准的英制件，还可能是米制件。一名装备良好的汽车车身技师应同时具有米制和英制的不同大小和样式的扳手，才能合适地套上该尺寸的紧固件头部。扳手的尺寸越大，臂的长度也越长。扳手用来拧紧（或拧松）螺栓和螺母。

扳手的类型较多，常见的有：开口扳手、套筒扳手、梅花扳手、开口和梅花的组合扳手以及活扳手等，每种类型的扳手都有其特殊的用途。

1) 开口扳手

每个工具箱必须有一套开口扳手或组合扳手。开口扳手可在螺栓和螺母旁边滑入滑出，能在紧固件上部或一边间隙不足、无法使用套头扳手的地方使用。

开口扳手同时使用于方头（四角的）或六方头（六角的）螺母。开口扳手的缺点是螺母只有两个侧面被扳手的钳口夹紧。所以，开口扳手滑离螺母和螺栓的可能性较大，经常造成磨圆螺母和伤到手。因此开口扳手应在没有足够空间使用套头扳手时用手夹持。

开口扳手的结构如图1-5-1所示。

(1) 用途。

①多用于拧紧（拧松）标准规格的螺栓或螺母。

②可以上下套入或横向插入，使用方便。

③不可用于拧紧力矩较大的螺栓或螺母。

(2) 使用要点

①开口扳手只能在一个有限的空间中扳动螺栓或螺母，在螺栓或螺母被扳转到极限位置后，再将扳手取出重复原先的过程。

②扳动扳手的方向应朝里拉，而不应往外推，这样操作更省力，若必须向外推扳手时，应将手掌张开去操作。

③使用开口扳手对螺栓或螺母做最后拧紧时，加在扳手上的力应根据螺栓拧紧力矩要求而定，不能太大，否则会导致螺纹滑丝。

④使用开口扳手时若放置的位置太高，或只夹住螺母头部的一小部分，扳手在这个位置用时会打滑，如图1-5-2a）所示。

⑤开口扳手的开口端若大于螺母头部两相对平台宽度时，因开口端与螺母的头部接触减少会导致扳手打滑，应在确信扳手和螺母刚好配合后才能施力，如图1-5-2b）所示。

⑥错误使用开口扳手造成的后果如图1-5-2c）所示。

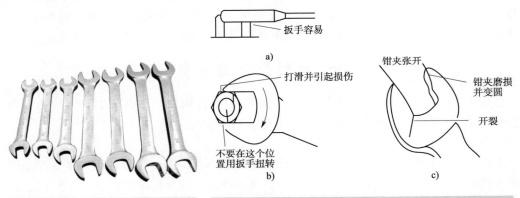

图1-5-1 开口扳手　　　　图1-5-2 开口扳手使用要点

(3) 开口扳手的选择。

①目测螺栓头部平台的宽度，根据宽度选用扳手尺寸。

②扳手的型号选择要适当，若扳手的型号选择不当，在使用时可能会打滑。

③在扳手上标有使用的尺寸，若扳手上尺寸的单位是毫米，该扳手就为米制扳手；若尺寸为英寸，该扳手就为英制扳手。

④一般情况下梅花扳手可代替开口扳手。

2) 梅花扳手

梅花扳手两端呈花环状，其内孔是由2个正六边形相互同心错开30°而成。很多梅花扳手都有弯头，常见的弯头角度为10°~45°，从侧面看旋转螺栓部分和手柄部分是错开的。图1-5-3所示为梅花扳手。

图 1-5-3 梅花扳手
a)梅花扳手；b)双梅花棘轮扳手

(1)梅花扳手的特点。

①使用时，扳手扳动30°后，则可更换位置，适用于狭窄场地的操作。

②使用时，可将螺栓、螺母的头部全部围住，不易脱落，安全可靠。

③与开口扳手相比，拧紧(拧松)的力矩较大，但受空间的限制也较大。

④扳手手柄带有弯曲或角度，使用时可以为手指提供间隙，防止擦伤皮肤，如图1-5-4所示。

(2)使用注意事项。

①不要使用带有裂纹和已严重磨损的梅花扳手，否则会受到伤害，如图1-5-5所示。

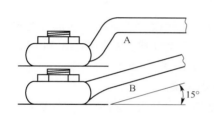

图 1-5-4 一个带弯曲手柄或角度手柄的梅花扳手

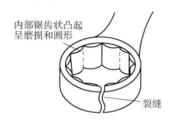

图 1-5-5 一个破坏了的梅花扳手

②六边形的梅花扳手比十二边形的梅花扳手更具防滑性。

③为了防止打滑，在使用梅花扳手之前，要判断螺母尺寸，以决定采用哪种型号的米制扳手或英制扳手。

④为了安全，要朝自己的方向来拧动扳手。

⑤避免用加长的管子套在扳手上以延伸扳手的长度进而增大力矩，这样会导致工具损坏。

3)带开口的梅花扳手

该类扳手的一端是梅花端，而另一场是开口端。开口端用于环境条件比较狭窄的地方，其形状如图1-5-6所示。

图 1-5-6 开口梅花扳手

4)活扳手

活扳手有一个固定钳口和一个可动钳口。扳手开口靠旋转与下部钳口的齿相啮合的调整螺钉进行调整。钳口间开口可从完全闭合到最大张开宽度。车身工具箱中应有一套活动扳手。

(1)活扳手的特点。活扳手的形状如图1-5-7所示,其特点是:

图1-5-7 活扳手

①能在一定范围内任意调节开口尺寸。
②用于拆装开口尺寸限度以内的螺栓、螺母,特别对不规则的螺栓、螺母更能发挥作用。

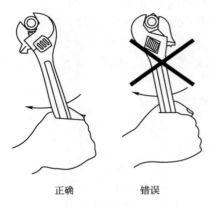

图1-5-8 活动扳手的使用

③可以拧紧力矩较大的螺栓、螺母。
④只能在开口紧固好后才能开始使用。
(2)使用方法。
①应将活动钳口调整合适,使扳手与螺母或螺栓头两对角边贴紧。
②工作时应让扳手钳口的可动部分受推力,固定部分受拉力。其正确操作方法如图1-5-8所示。

5)扭矩扳手(扭力扳手)
(1)扭矩定义。
扭矩是指扭力与力臂的乘积。在图1-5-9中,在1m长力臂的右端头上施加1N的力,这样在臂的另一端就产生了1牛顿·米(1N·m)的扭矩(旋转力矩)。

通过改变力臂的长度或增加扭力,可改变扭矩大小。扭矩的单位是牛顿·米(N·m)或千克力·米(kgf·m),较小的扭矩值也可用牛顿·毫米(N·mm)来计量。

汽车维修中常用的扭矩扳手一般为30kgf·m的规格(1kgf=98N)。

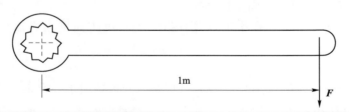

图1-5-9 在箭头所示的方向上施加1N的力就会产生1N·m的扭矩

(2)扭矩扳手的种类。
扭矩扳手有指示性扭矩扳手和定扭矩扳手两种。
①指示性扭矩扳手可以把所施力矩用读数显示出来,如图1-5-10所示。
②定扭矩扳手可以根据扭矩需要预先设置力矩,当所施力矩超过设置力矩时,会自动发出响声,如继续施力则自动打滑,如图1-5-11所示。
(3)扭矩扳手的用途。
扭矩扳手用于拧紧有力矩要求的螺栓或螺母。对一些重要的螺栓或螺母,生产厂家详细规定了扭矩值。在拧紧时,须用扭矩扳手来达到所需扭矩值或校验扭矩值。

图1-5-10　指示性扭矩扳手

图1-5-11　定扭矩扳手

6）内六角扳手

内六角扳手是一种六边形扳手。用来拆装带轮、齿轮、后视镜和手柄上的紧固螺钉。每个工具箱中都应有一套内六角扳手。内六角扳手也用于拆卸大的紧固螺钉。

（1）用途。

如图1-5-12所示，内六角扳手用于扳动内六角头螺钉，比如皮带轮上的内六角头螺钉以及一些自动变速器调节装置上的内六角头螺钉。

图1-5-12　内六角扳手及内六角头螺钉
a）内六角扳手；b）内六角头螺钉

（2）使用方法。

①选取合适的内六角扳手对正后加力即可。

②内六角扳手的选取应与螺钉内六方孔相适应，不允许使用套筒等加长装置，以免损坏螺钉或扳手。

7）扳手尺寸的确定

扳手的尺寸是根据螺母或螺栓头的尺寸来确定，该尺寸为螺栓或螺母头部的一个侧面到另一个横跨侧面的长度，如图1-5-13所示。

米制扳手用毫米标记，常用的尺寸有6mm、7mm、8mm、10mm、12mm、14mm、17mm、19mm等，一套米制扳手的尺寸范围是6～32mm，以1mm、2mm或3mm为一级。

采用SAE（美国汽车工程师学会）标准的扳手是

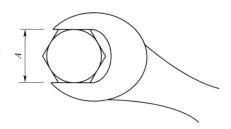

图1-5-13　扳手的尺寸（"A"是横跨螺母和螺栓头对边的尺寸）

用分数形式的 in（英寸）来标记的。一套英制扳手的尺寸范围是 1/4～1in，以 1/16in 为一级。

2. 套筒

套筒呈短管状，使用时套在螺母上，用一根可拆卸的手柄一起使用。套筒内部一端呈六角形状用来套螺栓头，另一端有一个正方形的端头，该端头用来与拆卸手柄配合，如图 1-5-14 所示。

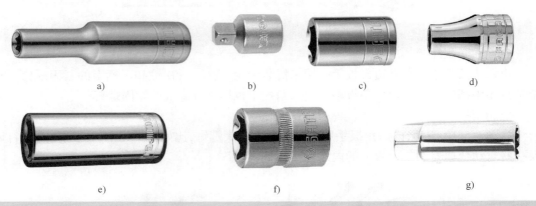

图 1-5-14　套筒

a）六角英制长套筒；b）六角接头套筒；c）六角英制套筒；d）六角旋具头套筒；e）六角米制长套筒；f）六角花型套筒；g）火花塞套筒

如图 1-5-15 所示，基本的套筒扳手套件包括一个手柄和一些圆筒形套筒。套筒用在给定尺寸的螺母或扳手上。套筒内部的形状类似套头扳手。套筒分为六方、八方、十二方，六方套筒能给六角螺母以最紧的夹持力。面与面的配合使滑脱和紧固件方角被磨圆的可能降到最低。八方套筒与八方套头扳手一样，只能配套方头紧固件，这就限制了其用途。十二方套筒没有六方套筒的夹持力大，但它的多点位置使其有较大的转动范围。

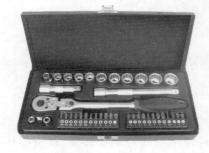

图 1-5-15　套筒扳手套件

1）套筒用途

套筒用于拧紧或拧松扭力较大的或头部制成特殊形状的螺栓、螺母。如加上万向接头，可用于空间较狭小的场所，如加摇柄或棘轮扳手可提高工作效率。

2）使用方法

（1）根据工作空间的大小、扭力的要求选用合适的手柄和套筒头进行作业。

（2）使用时左手夹住连接处，右手握住手柄加力。

3）使用注意事项

（1）使用套筒时不要使用出现裂纹或已损坏了的套筒，这种套筒会引起打滑。

（2）使用套筒时要正确选择套筒型号（米制型号或英制型号），若选择不正确，则套筒在使用时极有可能打滑，从而损坏螺栓。

（3）套筒头的选用必须与螺栓、螺母的形状及尺寸相适合。

### 3. 套筒手柄

如图1-5-16所示为各种形状的套筒手柄装于套筒上用于扳动套筒,主要包括T形6角扳手、滑行杆、可弯式接头、转向手柄、万向接头、支承摇柄和棘轮扳手等。

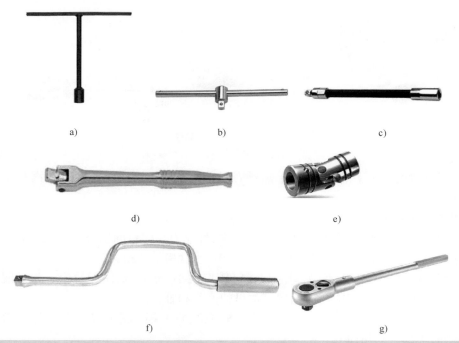

图1-5-16 套筒手柄及附件
a)T形6角扳手;b)滑行杆;c)可弯式接头;d)转向手柄;e)万向接头;f)支承摇柄;g)棘轮扳手

使用注意事项:

(1)不要使用棘轮扳手来对螺栓或螺母进行最后拧紧,这样会导致棘轮扳手的棘轮机构损坏。

(2)使用扭矩扳手时,应将扳手朝着自己的方向拧动,这样相对比较安全。

(3)对一个零件上有很多需紧固的螺栓,在拧紧螺栓的选择中,要注意拧紧次序,一般的拧紧方法是从中间开始,周边结束。

(4)在拧紧圆圈排列的螺栓过程中,正确的方法如图1-5-17所示,应使用交叉的次序,这样可防止零件扭曲变形。

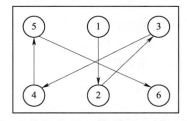 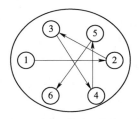

图1-5-17 两种简单的安装螺栓的次序

## 4. 螺丝刀(改锥、起子)

1) 螺丝刀形状

图1-5-18所示为各种不同型号的螺丝刀,其刀杆的长度和刀杆端头各不相同。

图1-5-18 各种不同型号的螺丝刀
a)螺丝刀;b)十字螺丝刀;c)一字螺丝刀

一字螺丝刀用于一字槽螺钉,十字螺丝刀用于十字槽螺钉或沉头螺钉。汽车车身上的许多螺钉都是十字槽螺钉。

2) 螺丝刀的使用

(1)使用时,右手握住螺丝刀,手心抵住柄端,螺丝刀与螺钉同轴心,压紧后用手腕扭转,拆卸时螺钉松动后用手心轻压螺丝刀,用拇指、中指、食指快速扭转。

(2)使用时,将螺丝刀垂直,刀口应与螺钉槽口大小、宽窄、长短相适应。为了使螺丝刀和螺钉槽很好地配合,使用前要清除螺钉槽里的油漆和脏物。

(3)如果螺丝刀的头部太厚,则不能落入螺钉槽,且易损坏螺钉槽。如果螺丝刀的头部太薄,使用时头部容易扭曲。

(4)如果一手紧握螺丝刀,另一手紧握工件,当操作时,螺丝刀易滑动,这样容易把手凿伤,因此要把工件固定后,才操作螺丝刀。

(5)不要把螺丝刀当成錾子、钻孔器或撬棒使用。

3) 螺丝刀的维护

(1)螺丝刀的刀刃必须正确地磨削,刀刃的两边要尽量平行。如果刀刃成锥形,当转动螺丝刀时,刀刃极易滑出螺钉槽口。

(2)螺丝刀的头部不要磨得太薄,或磨成除方形外的其他形状。

(3)在砂轮上磨削螺丝刀时要特别小心,它会因为过热,而使螺丝刀的锋口变软。在磨削时,要戴上护目镜。

## 5. 专用旋具

许多专用紧固件已经取代了一字槽螺钉或十字槽螺钉。这些新品种紧固件改进了从旋具到紧固件的力矩传递,减少打滑,减少工作失误,有些还有防止随意拆卸功能。图1-5-19(磁性旋具和刀头组件在工作中很方便地保持住小螺钉)中展示了一套专用旋具刀头和配件驱动手柄。这些旋具刀头的大多数在汽车修理中是很有用的。三种常用的专用旋具是离合器式旋具、波兹德弗旋具及内梅花头旋具。

1) 离合器式旋具

这种旋具有两种类型:老式的G型和新式A型。G型离合器式旋具顶端(图1-5-20)有一沙漏行轮廓,它与螺钉顶端相同形状的凹槽相配合。通用汽车公司的汽车经常使用这种形式的紧固件,这种形式的旋具可以有较大的正合面,而产生较小的相对滑动。

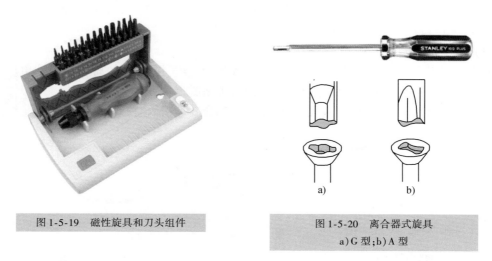

图1-5-19　磁性旋具和刀头组件

图1-5-20　离合器式旋具
a)G型;b)A型

2)波兹德弗(Pozidriv)旋具

这种旋具与十字头旋具相似,但其顶端较扁平钝(图1-5-21),其方顶端夹住螺钉头,滑动可能性小于普通十字旋具。这种旋具因打滑较小,因而刀头磨损较小,旋具寿命较长。

3)内梅花头旋具

内梅花头(Torx)紧固件的应用正日益普及。它应用于很多行业,其中就包括汽车行业。许多美国制造的汽车使用星行的内梅花紧固件固定前照灯总成、后视镜和行李架。六齿的顶端不仅能提供较大的旋转力并可能减少滑动,内梅花紧固件还有防止随意拆卸的功能。内梅花紧固件的普及使当今车身修复技师需要配有一套内梅花头旋具(图1-5-22)。

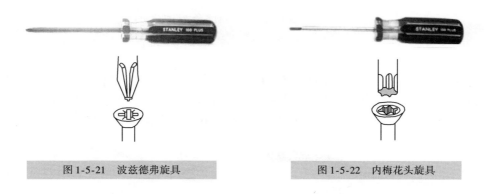

图1-5-21　波兹德弗旋具

图1-5-22　内梅花头旋具

## 二、固定和卡紧类工具

钳子是一种在对金属丝、卡子和销子进行操作时能够完全握持工件的工具。车身修理技师必须拥有几种类型的钳子,包括用于普通零件和钢丝的标准钳,用于小零件的尖嘴钳和用于重型工件包括弯曲钣金件的大型可调钳子。钳子的种类很多,汽车上常用的有鲤鱼钳和尖嘴钳,图1-5-23所示为几种常见的钳子。

(1)用途。钳子用于弯曲小金属材料,夹持扇形或圆形小工件,切断金属丝等。

(2)钳子的使用方法。用手握住钳柄后端,使钳口开闭夹紧。使用鲤鱼钳夹持较大工件时,可以放大钳口。

(3)使用注意事项。

①不可用钳子代替扳手来拧紧或拧松螺栓或螺母,以免损坏螺栓、螺母头部棱角。

②不可用钳子柄当撬棒使用,以免使之弯曲、折断或损坏。

③使用尖嘴钳时,不可用力太大,否则钳口头部会变形,轴会松动。

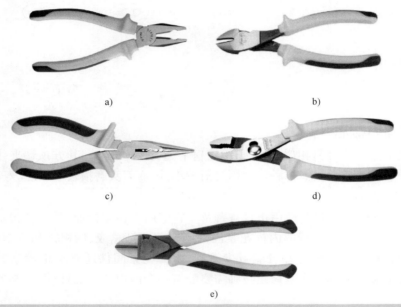

图1-5-23 用于夹紧和剪切的各种各样的钳子
a)老虎钳;b)斜口钳;c)尖嘴钳;d)鲤鱼钳;e)斜嘴钳

1. 卡簧钳(挡圈钳)

卡簧钳有轴用和孔用之分,如图1-5-24所示。轴用卡簧钳用来将卡簧胀开以便将卡簧从轴上拆下,而孔用卡簧钳则是将卡簧收缩来拆下卡簧,均有直嘴和歪嘴两种形式。卡簧钳是用来拆卸和安装卡簧的。卡簧(或弹性挡圈)是装在轴或孔的卡簧槽里的。

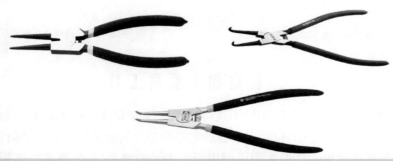

图1-5-24 轴用和孔用卡簧钳

## 2. 组合钳

组合钳(滑动支点组合钳在工作中常用于夹紧零件)是最常见的钳子,如图1-5-25所示。其钳口既有平的也有弯曲的表面,用于握持平或圆的工件。组合钳也称为滑动支点钳,有两个张开的钳口,一个钳口可以在装在另一个钳口上的销钉上移上或移下,来变化开口的大小。

## 3. 可调钳

可调钳通常称为管锁,如图1-5-26所示。可调钳具有强大的夹持力,但是不能替代扳手,这会损伤螺母和螺栓的头部。可调钳有一个多位滑动支点,即允许有多种钳口张开尺寸。可调钳对于抓握各种尺寸的工件是有用的。这种钳手柄较长,能提供充分的转动杠杆作用。可调钳的钳口有平面和曲面两种。可调钳具有强大的夹持力,但是不能替代扳手,这会损伤螺母和螺栓的头部。

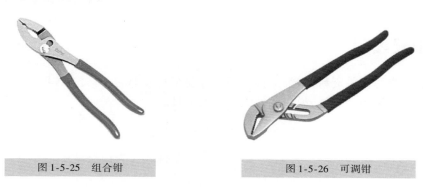

图1-5-25　组合钳　　　　　　图1-5-26　可调钳

## 4. 大力钳

图1-5-27所示为大力钳,它有双杠杆作用,能通过爪子给工件施加一个较大的夹紧力。钳爪的开口尺寸可通过手柄末端的滚花螺钉调节。

图1-5-27　大力钳

## 5. 管钳

如图1-5-28所示,与活动扳手一样,管钳的开口也是可以调整的。顶端或钩钳口上的螺纹与一个固定的调整螺母啮合。转动调整螺母可增减钳口大小。管钳能牢牢地夹住并转动圆形物体,但它通常会损坏零件的表面,因为钳口会卡在零件中。

根据使用的情况做调整。管钳头部淬硬爪子的表面制成锯齿形以便抓紧管子。管钳使用时要当心;否则,锯齿会在管子表面划出痕迹或损坏管子表面。

## 6. F形夹钳

F形夹钳对夹持带凸缘或轮缘的零件很方便,如图1-5-29所示。焊接大力钳有专门形状的钳口以便在焊接操作中夹持和定位焊点;扁嘴钳有宽钳口,用来夹持和弯曲钣金件。

图 1-5-28 管钳　　　　　图 1-5-29 F形夹钳

**单元练习**

**活动 1**：请查阅相关资料，列举出拆装塑料件及车身玻璃的工具，并说明其使用方法。
**活动 2**：请查阅相关资料，说明如何维护拆装工具。

# 第二篇

## 任务实施

# 学习任务一　汽车保险杠更换

## 学习目标

1. 能够查阅维修手册了解汽车保险杠的类型和结构；
2. 能够根据工艺要求和维修手册完成保险杠的拆卸和安装；
3. 能够根据拆装需要正确使用各种配套工具；
4. 能够根据环保要求进行旧件回收。

## 任务描述

**情境**：刘先生，30岁，驾驶车型为帕萨特B5，因驾车不慎与其他车辆追尾，造成前保险杠损坏，另一车后保险杠损坏，都需更换，特到店维修。

请结合所学知识，为这两辆车分别更换前后保险杠。

## 学习引导

本学习任务沿着以下进程学习：

## 一、任务解说——保险杠拆装的相关知识

如果不确定保险杠的固定方式和零部件拆卸的顺序，请参考具体厂商和车型的维修信息。常见保险杠的基本拆装步骤如下。

1. 前保险杠的拆卸

（1）将汽车置于平坦的地面上并制动。

（2）撑起发动机罩。

（3）拔掉前部所有灯的线束。

（4）有些保险杠拆除前，必须先拆卸前照灯、防护板及风窗清洗器软管等部件。图2-1-1所示为典型汽车前保险杠的装配连接图。

(5)按照装配连接图拆卸前保险杠上、下边固定螺栓。有些车保险杠质量很大,拆卸最后一个固定螺栓前,应将保险杠支撑在移动式千斤顶上。

(6)当拆下最后的紧固件时,应找个助手将保险杠固定在千斤顶上。如果保险杠被修理或重新使用,那么在千斤顶的承座上放上一块木块或厚泡沫橡胶垫,以防损坏漆面。

(7)将保险杠和千斤顶从汽车上移开。

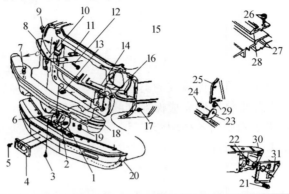

图 2-1-1　典型汽车前保险杠的装配连接图

1、7、13、17、19、22、29-螺母;2-保险杠盖支架;3-螺钉;4-牌厢;5-波普铆钉;6、12、16、21、24-螺栓;8、14、28-格栅板口;9、26-螺钉与垫圈组件;10、15-隔离器和托架组件;11-J型螺母;18、30-保险杠组件;20-保险杠盖组件;23-保险杠盖支撑;25-发动机罩锁支撑;27-前盖组件;31-保险杠端拉条

(8)如果是带有吸能器的保险杠,必须先拧下与托架连接的螺栓,对于液压或气压式吸能器,应注意如下事项:

①不要使其受热或弯曲。如果要在吸能器附近切割或焊接,应该先把它拆下来。

②如果吸能器由于冲击而跳开,应在从车上拆下保险杠前释放气压。方法是在汽缸的前端钻孔,然后再拆下保险杠和吸能器。

③在钻孔或拆卸跳开的吸能器时,必须注意安全并戴上可靠的护目镜。

更换保险杠时,必须先试验吸能器的性能,其方法是使汽车面向固定障碍物(图 2-1-2),把变速杆置于低挡(自动变速杆置于 P 位);在障碍物和保险杠之间安放液压千斤顶,使千斤顶与吸能器对准;压缩吸能器 12～15mm,放松千斤顶后保险杠若不能回到正常位置则应更换。

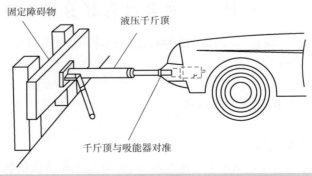

图 2-1-2　吸能器性能试验

## 2. 前保险杠的安装

前保险杠的安装顺序,与拆卸顺序大致相反。只是用螺栓将保险杠固定后,必须对其进行调整,使其到翼子板和前格栅的距离相等,顶部间隙应均匀一致。图2-1-3所示为某车型保险杠特定间隙的测量点,可供选择测量部位时参考。不符合技术要求时应调整装配螺栓,装配托架允许保险杠作上、下、左、右及进、出量的调整。必要时也可在保险杠和装配托架之间加设垫片,以调整保险杠的位置度,最后将所有螺栓按规定力矩拧紧。后保险杠的拆装与调整与前保险杠类似,此处不再赘述。

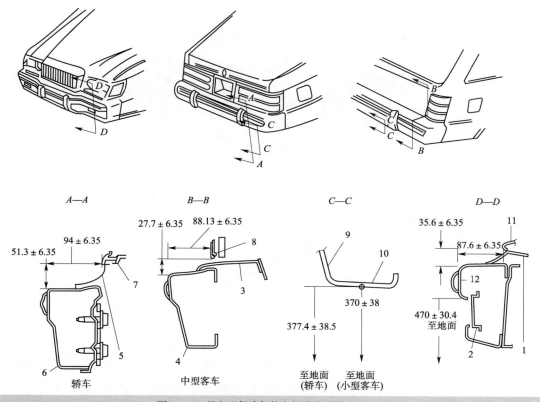

图2-1-3 某车型保险杠特定间隙的测量点(mm)

1-前保险杠挡板;2-防雾灯;3、5-后保险杠挡板;4、6、9-后保险杠;7-后灯透镜;8-后灯透镜升降门;10-U形拉槽;11-装饰柜;12-前保险杠

## 3. 安全和环保

在实训室进行每一项实践操作时,应严格遵守实训室规章制度,不得玩笑嬉闹。切实做好5S(整理、整顿、清洁、清扫、素养)。

在进行保险杠拆装前,首先要确保汽车固定良好(检查驻车制动器及车轮胎垫块的位置)。其次,在拆装前后保险杠时,应先检查保险杠的损坏程度。操作时,工作人员必须穿好工作服,佩戴工作手套。在操作过程中,注意拆卸下零部件的编号,按顺序放置。拆装完毕后,各拆装工具须有序地放置原位。结束后,做好实训场地的清洁工作。

## 4. 工具的选择使用

请根据维修车型手册中所列工具进行准备。

## 二、任务实施——帕萨特 B5 前后保险杠的拆装

(1)安全和环保措施。
①拆装之前,穿戴好工作服、工作手套及其安全鞋。
②注意检查车辆的制动装置是否良好,检查车辆是否处于冷却状态。
③遵守实训室的各规章制度。按程序要求,安全操作。
(2)前保险杠装配简图如图 2-1-4 所示。

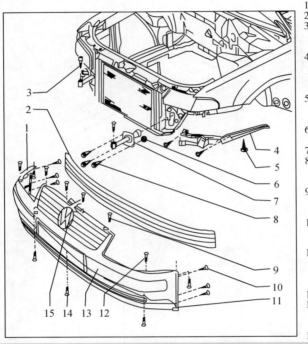

1-保险杠外罩壳;
2-保险杠骨架;
3-螺栓;
◆2个
◆20N·m
4-导向装置;
◆保险杠的拆下和装入,可平行地由导向装置中(左、右导向)卸下或装入
5-螺栓;
◆6个
◆2N·m
6-六角螺母;
◆2个
7-缓冲装置;
8-螺栓;
◆7个
◆50N·m
9-螺栓;
◆4个
◆3N·m
10、12-螺栓;
◆8个
◆2N·m
11-导流板;
◆卡在保险杠罩里
◆在拆卸盖板时,导流板不需要拆下来
13-保险杠嵌条;
14-快速连接螺栓;
◆3个
◆2N·m
15-释放杆

图 2-1-4 前保险杠装配简图

①拆下释放杆。用一把螺丝刀 2 将释放杆 1 分开,并从连接锁上拆下(图 2-1-5)。
②导向装置的调整。滑块 2 在导向件 1 上应这样调整:使滑块在车灯 3 和导向件 1 的上边缘形成一个 2mm 的间隙(图 2-1-6),然后使用专用工具进行检查与调整间隙。

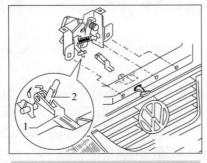

图 2-1-5 释放杆拆卸图
1-释放杆;2-螺丝刀

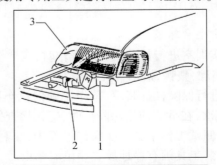

图 2-1-6 导向装置调整图
1-导向件;2-滑块;3-车灯

(3) 后保险杠拆卸。后保险杠装配如图 2-1-7 所示。按照装配图将后保险杠拆下。

(4) 保险杠安装。按照保险杠拆卸的相反顺序将保险杠装上。

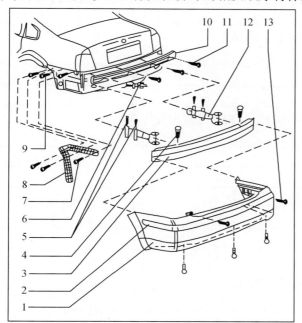

1—保险杠外罩壳
2—保险杠嵌条
  ◆卡装在罩壳里
3—保险杠骨架
4—螺栓
  ◆2件
  ◆15N·m
5—螺栓
  ◆4件
  ◆30N·m和再多拧半圈(180°)
  ◆松开后的螺钉应该重新拧紧
6—插片螺母
7—螺栓
  ◆6件
  ◆2N·m
8—导槽
  ◆保险杠骨架的拆开和装入，只要平行的从导槽中(左、右)拉出来或推进去即可
9—夹紧螺母
  ◆6件
10—固定板
11—螺栓
  ◆4件
  ◆1.2N·m
12—缓冲装置
13—螺栓
  ◆5件
  ◆6N·m

图 2-1-7　后保险杠装配图

## 三、评　价　反　馈

1. 自我评价

自我评价表见表 2-1-1。

自　我　评　价　表　　　　　　　　　　表 2-1-1

| 学习任务 | | | 班级 | | 日期 | |
|---|---|---|---|---|---|---|
| 小组 | | 组内分工任务 | | | 本次学习时间： | 学时 |
| 组员 | | | 自评成绩及评语 | | | |

(1) 根据汽车保险杠拆装要求和已有的知识技能，制订本小组学习工作计划。

①知识空白有哪些，怎样获取(学习流程)？

②怎样保证工作安全？

_____

_____。

③工作操作流程（从准备到完成的工作流程）。

_____

_____。

④怎样满足环保要求（涉及哪些环保要求，如何达到相关标准）？

_____

_____。

⑤怎样保证工作质量和控制成本？

_____

_____。

(2) 写出本小组需要查阅的资料名称、内容。

_____

_____。

(3) 列出完成本次任务使用的仪器设备、零配件、工具。

_____

_____。

(4) 通过本学习任务的学习，你是否已经掌握以下问题：

①汽车保险杠的拆装顺序是什么？

_____

_____。

②汽车保险杠的调整是什么？

_____

_____。

(5) 在汽车保险杠的拆装、调整中用到了哪些设备？你是否已经掌握了这些设备的正确操作技能？

_____

_____。

(6)实训过程完成情况如何?

评价:_____

_____

_____ 。

(7)工作着装是否规范?

评价:_____

_____

_____ 。

(8)能否积极主动参与工作现场的清洁和整理工作?

评价:_____

_____

_____ 。

(9)在完成本学习任务的过程中,你是否主动帮助过其他同学?与其他同学探讨过哪些关于汽车保险杠拆装和调整的具体问题?结果是什么?

_____

_____ 。

(10)通过本学习任务的学习,你认为哪些方面还有待进一步改善?

_____

_____ 。

签名:_____  ___年___月___日

2. 小组评价

小组评价表见表2-1-2。

小 组 评 价 表　　　　　　　　　　表2-1-2

| 序 号 | 评 价 项 目 | 评 价 情 况 |
| --- | --- | --- |
| 1 | 学习态度是否积极主动 |  |
| 2 | 是否服从教学安排 |  |
| 3 | 是否达到全勤 |  |
| 4 | 着装是否符合要求 |  |
| 5 | 是否合理规范地使用装卸工具 |  |
| 6 | 是否按照安全和规范的流程操作 |  |
| 7 | 是否遵守学习、实训场地的规章制度 |  |
| 8 | 是否积极主动地和他人合作、探讨问题 |  |
| 9 | 是否能保持学习、实训场地整洁 |  |
| 10 | 团结协作情况 |  |

参与评价的同学签名:_____  ___年___月___日

3. 教师评价

_____
_____
_____。

教师签名：_____　　___年___月___日

## 能力训练

**项目1**：根据本次保险杠的拆装记录完成总结报告，并制作工艺流程卡片。

**项目2**：查阅相关资料，写出丰田威驰轿车前后保险杠拆装的使用工具和实施步骤。

# 学习任务二　发动机罩与行李舱盖安装位置调整

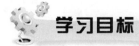

1. 能够查阅车辆维修手册完成舱盖拆卸和安装；
2. 能够根据舱盖周围密封情况，确定调整方案；
3. 能够根据工作要求，正确进行安全防护。
4. 能按照国家规定进行旧件处理。

**情境：** 顾先生，45岁，驾驶车型为威驰，已购车3年，最近发现车辆在行驶过程中发动机罩关闭不牢，在行驶中有轻微异响。

请结合所学知识，分析故障产生原因，并排除故障。并向顾客解释，提醒顾客在使用过程中相关注意事项。

本学习任务沿着以下进程学习：

车辆舱盖结构及特征解读 → 安全防护措施 → 工具选择 → 任务实施 → 5S解读

## 一、任务解说——发动机罩与行李舱盖的拆装、调整的相关知识

发动机罩和行李舱盖，其主要作用是密封和隔热，在车辆使用过程中，根据需要需经常进行开闭，故其安装位置对于其保障功能非常重要。

### （一）发动机罩的拆装与调整

**1. 发动机罩的拆装**

发动机罩的拆装是车身修复中常见的作业，从车上拆下时只需要先拆下铰链紧固螺钉、将风窗玻璃洗涤器喷嘴及软管拆离发动机罩，即可将发动机罩拆下。但要注意，应以棉被覆盖于车身上,以防损伤面漆,并在发动机罩上铰链位置划上记号,以便于以后的安装。安装时按拆卸的相反顺序进行。

2. 发动机罩与翼子板及前围之间的调整

调整方法:首先,调整发动机罩的前后位置。稍微松开固定发动机罩与铰链的螺栓,再扣上发动机罩,将其位置调整好后,轻轻揭开发动机罩,开启到合适位置时,让他人将螺栓紧固。发动机罩的前缘必须与翼子板前缘对齐,同时其后缘与前围之间保留足够的缝隙,以避免开启时相互干扰,如图2-2-1所示。

3. 发动机罩锁的拆装

1)拆卸

(1)拆卸散热器上空气导流板。

(2)断开1号水软管卡夹支架。

(3)拆卸发动机罩锁总成,如图2-2-2所示。

①断开连接器。

②断开发动机罩锁控制拉索。

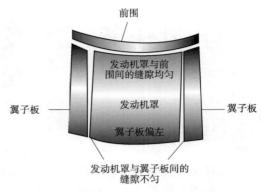

图2-2-1 发动机罩与翼子板及前围之间缝隙的调整示意图

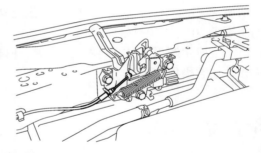

图2-2-2 拆卸发动机罩锁总成

③拆下3个螺栓和发动机罩锁总成,如图2-2-3所示。

④断开发动机罩锁控制拉索,拆下发动机罩锁控制杆,如图2-2-4所示。

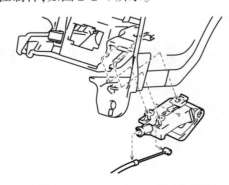

图2-2-3 拆卸发动机罩锁总成　　图2-2-4 拆下发动机罩锁控制杆

（4）拆卸发动机罩锁控制拉索总成，用螺丝刀断开卡夹，如图 2-2-5 所示。

第一步：断掉锁扣拉线

第二步：拆掉散热器上卡扣

第三步：拆卸大灯支架上卡扣

第四步：拆掉前围板上拉线卡扣

图 2-2-5　拆卸发动机罩锁控制拉索总成

2）安装

按照拆卸时的相反顺序参照维修手册进行规范的安装。

4．发动机罩锁的调整

如果发动机罩与拉钩需猛烈地撞击才能扣上，则应提升拉钩；如果锁住时发动机罩不能接触前定位器，则应降低拉钩。发动机罩锁的调整主要是调整安全拉钩，方法如下。

（1）围绕发动机罩，检查所有的间隙是否调整正确。

（2）从散热器固定框上，拆下发动机罩拉钩组件。

（3）重新安装发动机罩的拉钩，并降低发动机罩。

（4）试着提起发动机罩。如果发动机罩仍能打开，调整安全拉钩，使它扣住发动机罩。

（5）慢慢地降低发动机罩，当发动机罩被锁住时，观察安全拉钩与发动机罩挂钩是否对准。如果偏移，要反复地从一边向另一边移动拉钩，直至它与发动机罩上的挂钩对准。然后固定螺栓。

5．新发动机罩的安装调整

新换装的发动机罩，并不是想象的那么完美，只要能安装上去就行。往往也有一些问题必须进行处理，才能把它安装好。

通常出现的现象是边缘弯曲，造成其与前翼子板的配合产生高度差，有不平齐现象。而仅仅调整铰链并不能消除构件的变形，应调整发动机罩的边缘曲线。

矫正新发动机罩变形，可用手扳动拱曲部位使其复位，如图 2-2-6a）所示。也可以在前端垫上布团、棉丝等物，然后用手掌轻轻下压拱曲部位，使其达到与前翼子板边缘等高的程度，如图 2-2-6b）所示。矫正过程中应小心均匀用力，避免因矫正过度而发生二次变形。

 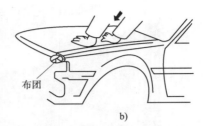

发动机罩　　　　　　　　　　　　　　布团

a)　　　　　　　　　　　　　　b)

图 2-2-6　新发动机罩的安装调整

(二) 行李舱锁的拆装

1. 拆卸

(1) 拆卸行李舱门装饰舱盖,如图 2-2-7 所示。

(2) 拆卸行李舱门锁总成(不带智能上车和起动系统),如图 2-2-8 所示。

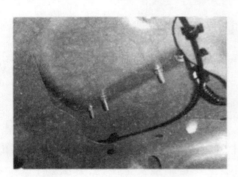 

图 2-2-7　拆卸行李舱门装饰舱盖

图 2-2-8　拆卸行李舱门锁总成

① 断开连杆。

② 升起行李舱门锁盖。

③断开行李舱门锁控制拉索总成,如图 2-2-9 所示。
④将行李舱门锁盖返回原始位置,如图 2-2-10 所示。
⑤断开连接器。
⑥拆下 2 个螺栓和行李舱门锁总成,如图 2-2-11 所示。

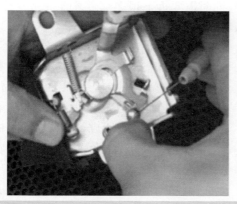 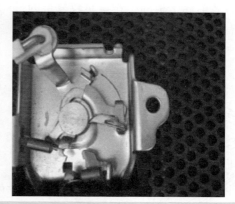

图 2-2-9　断开行李舱门锁控制拉索总成

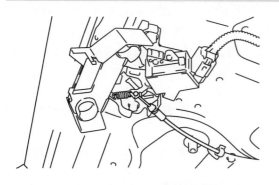 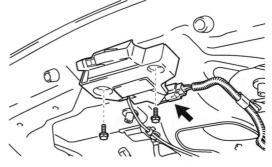

图 2-2-10　将行李舱门锁盖返回原始位置　　　图 2-2-11　拆下行李舱门锁总成

(3)拆卸行李舱门锁芯总成(不带智能上车和起动系统),拆下 2 个螺母和行李舱门锁芯总成,如图 2-2-12 所示。

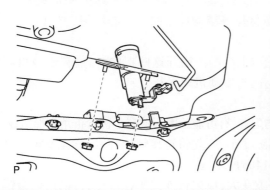 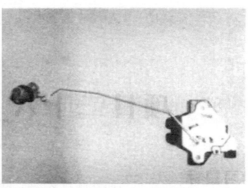

图 2-2-12　拆卸行李舱门锁芯总成

2. 安装

按照拆卸时的相反顺序,参照维修手册进行规范安装。

### (三) 前翼子板的拆装和调整

拆装前翼子板的工作量是较复杂的,拆下它同时需要拆下很多部件才能完成这个任务,其中有前保险杠、前照灯、前中网、轮罩、挡水板和装饰条等。

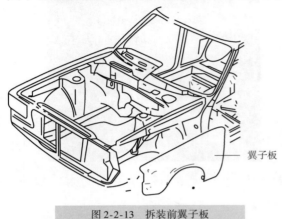

图 2-2-13 拆装前翼子板

车型不同,前翼子板安装方法也不同,如货车、越野车、三厢轿车和两厢轿车前翼子板安装的方法就不同。尤其以 QQ 车为代表的类似车辆,在前翼子板的拆装上,和三厢轿车是完全不一样的。所以,在拆装翼子板的时候,要做到一看、二思考、三拆装,这样在拆装过程中,才能做到节约时间,保证不会出现其他部件被损伤的现象。如图 2-2-13 所示。

在拆装前翼子板过程中,最主要的就是前照灯的拆装。很多的汽车生产商对前照灯安装位置的设置不尽合理,使得前照灯拆卸十分麻烦,有的车型需要使用撬棍来帮助拆卸,如果用力不当,就会造成前照灯的损伤。前翼子板的拆装过程如下。

1. 拆装

(1) 拆卸中网。中网,即散热器格栅。在拆卸时,一定要注意它的塑料卡扣的形状及固定方向,不要因过度用力或用力方向错误而造成损伤。

(2) 拆卸转向灯和前照灯。在拆装前照灯时,一定不能在没有螺钉固定时将前照灯挂在灯位上,以免掉下。

(3) 拆下轮罩。

(4) 拆卸前保险杠及前挡水板。

(5) 拆卸前翼子板饰条。在拆装饰条时,要注意固定的卡位,不能弄伤卡扣。

(6) 拆卸前翼子板。拆装的零部件要规范放置在工具车上,螺钉放在工具盒内,以免丢失。

(7) 安装时依拆卸的相反顺序进行。注意保持各结构件之间间隙的均匀。

2. 调整

前翼子板是用螺栓连接到散热器支架、轮罩上板的。松开这些螺栓时,前翼子板可以向前或向后、向内或向外移动,以便使它与门平齐,与发动机罩平行。

3. 前翼子板折角调整

发动机罩与前翼子板的间隙不当、缝隙不均匀等,有可能是因为前翼子板弯折角变形造成的。

(1) 前翼子板弯折角向内倾斜变形时,间隙变小,应先将连接螺栓拧紧,再在要矫正部位垫上木块,通过敲击使其变形复位,如图 2-2-14a) 所示。

(2) 前翼子板弯折角向外倾斜变形时,间隙变大,应先将连接螺栓拧松,再借助钣金锤和扁冲将其加工成直角,经过矫正后再将连接螺栓拧紧。如图 2-2-14b) 所示。

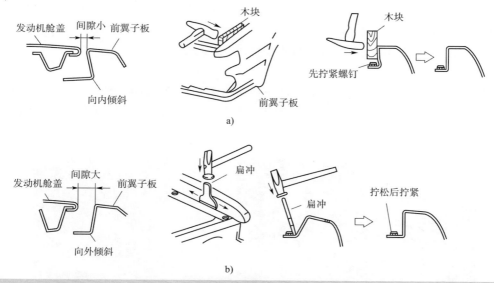

图 2-2-14 前翼子板弯折角变形的调整
a)前翼子板弯折角内倾的调整;b)前翼子板弯折角外倾的调整

**(四)安全和环保**

在实训室进行每一项实践操作时,都应该注意安全与环保,要严格遵守实训室规章制度。切实做好 5S(整理,整顿,清洁,清扫,素养)。

在进行发动机罩拆装前,首先要确保汽车制动良好(检查驻车制动及车轮胎垫块的位置)及静态冷却。其次,在旁边准备好轮胎或是其他软物用来备放拆卸下来的发动机罩。操作时,工作人员必须穿好工作服,佩戴工作手套。在打开发动机罩后,应首先在周边漆面边缘贴上垫布。防止被衣物等硬件划伤。操作过程中,注意在为螺栓标记时,切勿直接做记号在螺栓上,应贴附胶带用以安装时的区分。拆装完毕后,各拆装工具须有序地放置原位。结束后,做好实训场地的清洁工作。

**(五)工具的使用和测量**

由于发动机罩与车身是通过螺栓连接,为此在拆装过程中我们就有较多的工具选用。比如:开口扳手、套筒扳手、组合扳手、活扳手、管子扳手、六角头六方孔扳手、套头扳手等。在工具选用时应优先选用套筒或套头扳手,这样能够保证在拆装过程中不打滑。选择好工具后应检查工具的完好性,并在使用后注意维护。

## 二、任务实施——发动机罩的拆装与调整

**1. 安全和环保措施**

(1)拆装之前,穿戴好工作服,工作手套及其工作专用鞋。

(2)注意检查车辆的制动装置是否良好,检查车辆是否处于冷却状态。防止操作过程中出现意外。

（3）准备好软质垫块（用以保护拆装下的发动机罩不被损坏）及垫布贴于发动机罩周围的漆膜上，起到保护作用，如图 2-2-15 所示。

（4）遵守实训室的各规章制度。按程序要求，安全操作。

2. 拆装工艺

（1）发动机罩支撑杆（图 2-2-16）是一根带有橡胶尖头的加长杆，当拆下发动机罩支撑和其他发动机罩部件时可以保持发动机罩打开。它可能防止发动机罩在工作时掉落下来。

图 2-2-15　拆装前的发动机罩，做好保护

图 2-2-16　发动机罩支撑杆

（2）拆卸发动机罩时，首先断开所有的线束和软管（图 2-2-17）。线束通常连接至发动机罩下的照明灯。因为风窗玻璃洗涤器系统的软管可能会接触到发动机罩。

（3）拆下发动机罩铰链螺栓时，要做好标记，以便于在重新安装时，可以利用这些标记大致调整铰链和发动机罩。

（4）在大多数汽车上，发动机罩是最大的可调节板块。可以在铰链上、可调节缓冲垫和发动机罩锁扣处对其进行调整（图 2-2-18）。

图 2-2-17　拆除软管

图 2-2-18　发动机罩位置的调整

（5）在调节之前要确保发动机罩的后部边缘有足够的间隙，与前围板保持一定距离。打开发动机罩以前，检查发动机罩后部的间隙。一个常见的错误就是使发动机罩撞击前围板，

造成其凹陷或油漆面破裂。

（6）当汽车在行驶过程中，如果锁扣意外脱开，利用安全掣子可以卡住发动机罩。安全掣子实际上是一个简单的挂钩或支杆。

（7）调整发动机罩时，将把发动机罩固定到铰链的螺栓稍微松开一些。调整期间，将螺栓保持足够紧以固定住发动机罩，但又要足够松以便移动发动机罩。

（8）在安装上发动机罩后第一次关闭时，一定要慢慢地关。如果其没有被对中，则会撞到翼子板并变形形成凹陷。将翼子板边缘和前围板上贴上保护带或翼子板护罩对其进行保护可以起到很好的效果。

（9）在铰链上、可调缓冲垫和发动机罩锁扣进行调整。可以向上下、两侧和前后调整发动机罩，使发动机罩在垂直和水平方向上与翼子板和前围板对齐。

3. 安装位置调整

1）发动机罩铰链的调整

调整发动机罩时，将把发动机罩固定到铰链的螺栓稍微松开一些。调整期间，将螺栓保持足够紧以固定住发动机罩，但又要足够松以便移动发动机罩。

关上发动机罩，正确地进行调试。用于移动发动机罩，直到其所有侧面周围的间隙相等。小心地将发动机罩抬起足够高，以便于另一个技师拧紧螺栓。发动机罩的前部必须与翼子板的前部以及发动机罩前方的所有板件对齐。确保发动机罩和前围板之间的间隙足够大，使发动机罩在抬起时不会擦伤前围板。

如果不能将翼子板和发动机罩之间的间隙调整正确，那么可能是翼子板位置不正确。

2）发动机罩高度调整

为了在发动机罩的后部修正其上下位置，将把铰链固定到翼子板或前围板上的螺栓稍稍地松开一些。然后，慢慢地关上发动机罩，根据需要升高或降低发动机罩的边缘。当前部与相邻的翼子板和前围板平齐时，打开发动机罩，拧紧螺栓。

一旦发动机罩的后部调整到正确高度，必须检查可调缓冲垫。后部的缓冲垫必须调整到轻轻地抵着发动机罩，这样可以消除发动机罩的移动和振动。前部缓冲垫控制着发动机罩前部的高度。转动缓冲垫，直到发动机罩的前部与翼子板的顶部平齐。调整完后，一定要重新拧紧缓冲垫的锁紧螺母。

4. 质量检验

（1）发动机罩与前翼子板间的间隙，与维修前的数据相同，用量具测量，如千分尺、刻度尺，检验间隙误差。

（2）发动机罩应该左右对称，它的轮廓线应与车身轮廓线平行。

（3）检测发动机罩装饰条，有没有漏装、错装、零件损坏，其外观有无刮痕及磕碰情况，固定螺栓松动个数及紧固情况。

## 三、评 价 反 馈

1. 自我评价

自我评价表见表 2-2-1。

## 自我评价表

表 2-2-1

| 学习任务 | | | 班级 | | 日期 | |
|---|---|---|---|---|---|---|
| 小组 | | 组内分工任务 | | | 本次学习时间： | 学时 |
| 组员 | | | | 自评成绩及评语 | | |

(1) 根据发动机罩拆装要求和已有的知识技能，制订本小组学习工作计划。

①知识空白有哪些，怎样获取(学习流程)？

_____

_____。

②怎样保证工作安全？

_____

_____。

③工作操作流程(从准备到完成的工作流程)。

_____

_____

_____。

④怎样满足环保要求(涉及哪些环保要求，如何达到相关标准)？

_____

_____

_____。

⑤怎样保证工作质量和控制成本？

_____

_____

_____。

(2) 写出本小组需要查阅的资料名称、内容。

_____

_____

_____。

(3) 列出完成本次任务使用的仪器设备、零配件、工具。

_____

_____。

(4) 通过本学习任务的学习，你是否已经掌握以下问题：

①汽车发动机罩的拆装顺序是什么？

_____

②汽车发动机罩的调整是什么？
_____
_____

(5) 在汽车发动机罩的拆装、调整中用到了哪些设备？你是否已经掌握了这些设备的正确操作技能？
_____
_____

(6) 实训过程完成情况如何？
评价：_____
_____

(7) 工作着装是否规范？
评价：_____
_____

(8) 能否积极主动参与工作现场的清洁和整理工作？
评价：_____
_____

(9) 在完成本学习任务的过程中，你是否主动帮助过其他同学？与其他同学探讨过哪些关于汽车发动机罩拆装和调整的具体问题？结果是什么？
_____
_____

(10) 通过本学习任务的学习，你认为哪些方面还有待进一步改善？
_____
_____

签名：_____  ___年___月___日

2. 小组评价

小组评价表见表 2-2-2。

小 组 评 价 表　　　　表 2-2-2

| 序 号 | 评 价 项 目 | 评 价 情 况 |
| --- | --- | --- |
| 1 | 学习态度是否积极主动 | |
| 2 | 是否服从教学安排 | |
| 3 | 是否达到全勤 | |
| 4 | 着装是否符合要求 | |
| 5 | 是否合理规范地使用装卸工具 | |
| 6 | 是否按照安全和规范的流程操作 | |
| 7 | 是否遵守学习、实训场地的规章制度 | |
| 8 | 是否积极主动地和他人合作、探讨问题 | |
| 9 | 是否能保持学习、实训场地整洁 | |
| 10 | 团结协作情况 | |

参与评价的同学签名：_____　___年___月___日

3．教师评价

　　　　　　　　　　　　　　　　　　　　　　　　　　　　　　　　　　　　　　　　　　　　　　　　　　　　　　　　　　　　　　　　　　　　　　　　　　　　　　。

教师签名：_____　___年___月___日

## 能力训练

**活动1**：根据发动机罩安装位置调整工作记录完成总结报告并制作成PPT，在下次任务实施前进行展示。

**活动2**：根据发动机罩安装位置调整任务完成总结，制订行李舱盖安装位置调整任务实施计划并实施拆装。

# 学习任务三  车门的拆装和密封性调整

1. 能够查阅车辆维修手册完成车门拆卸与安装；
2. 能够根据车门周围密封情况，确定车门密封性调整方案；
3. 能够根据工作要求，进行安全防护；
4. 能够根据环保要求进行旧件回收。

**情境**：许小姐，25岁，驾驶车型为卡罗拉1.6L，已购车1年，最近发现车门在关门时关闭不牢，在行驶中有轻微异响。

请结合所学知识，分析故障产生原因，排除故障。并向顾客解释，提醒顾客在使用过程中相关注意事项。

本学习任务沿着以下进程学习：

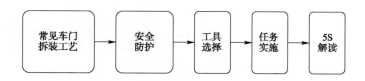

## 一、任务解说——车门拆装和密封性调整的相关知识

当汽车发生事故时，车门难免会损坏，这时往往需要对车门予以拆卸修理，然后进行安装。而很多情况是车门上的一些附件在使用中损坏，譬如夹层内的门锁、玻璃升降器等，此时则往往需要将这些附件拆下予以修复或更换。

此外，使用中由于经常承受各种外力，车门整体还会出现下垂、内陷等故障，造成与门框磕碰、刮擦、关闭不严、与车身其他构件配合失调等现象，需要对车门进行维护和调整。

由于各类车门的结构差别较大，本学习任务只介绍轿车的旋转式车门的拆装和调整，其他类型的车门可参考有关书籍。

1. 旋转式车门的拆装

1) 车门总成的拆下

如前所述,旋转式车门左、右基本对称,但前、后略有区别,而安装方式却基本一致,均通过铰链与车门的前立柱或中立柱相连。而一般的车型还有专用的车门开度限位器与之相连接。另外,有些带有中控门锁或电动玻璃升降器的,还有些导线与车体相连。因此,断开这些(应注意利用破布垫好车门,以免车门遭受损伤)后,就可以将车门总成拆下来。

2) 车门附件的拆除(以奥迪轿车前车门为例)

(1) 拆解车门外表附件。

①拆卸车门内手柄(图2-3-1a):拉开手柄,拆下手柄后面的螺钉;按箭头所示方向推压门锁内手柄总成并拆下。

②拆下手柄拉索(图2-3-1b)。

③拆下风窗摇柄(图2-3-1c),插入一字螺丝刀,按箭头所示方向撬开手柄;把罩拉出,拆下罩盖下面的螺钉。

④拆卸车门饰框(图2-3-1d):松开车门饰框螺钉后,拆下饰框;用螺丝刀撬开饰框的夹子,拆卸饰框嵌条。

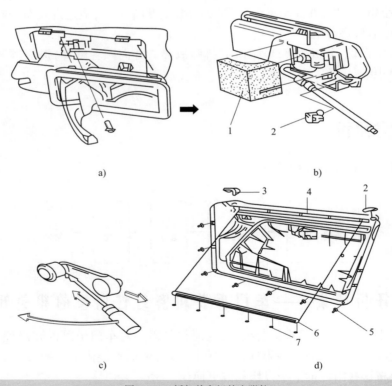

图2-3-1 拆解前车门外表附件
a) 拆下门锁内手柄;b) 拆下拉索;c) 拆下风窗摇柄;d) 拆卸车门饰框
1-衬垫;2-夹子;3-饰框;4-饰框嵌条;5-螺栓;6-密封条;7-螺母

(2)拆解前车门外板及其余门内附件。其拆解过程分两步,每步按下述步骤进行。

①拆下车门附件支架(图2-3-2)。拆下前门装饰板,从卡箍上拆下卡住的门遥控拉索,把带有电动窗举升器及可调外视镜的线束连接断开,松开六角头螺栓1并向上提,将支架拆下。

②拆车门外板。断开连接线,拉出中央锁在车门锁上的连接管,并去掉卡子,松开六角头螺栓10和16后,拆下车门外板。

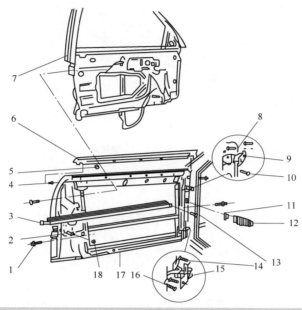

图2-3-2  拆解奥迪前车门外板及附件支架

1、8、10、14、16-六角头螺栓;2-连接螺栓;3-冲力杆;4、11-垫圈;5-卡子;6-车窗缝的密封条;7-车门附件支架;9-车门上铰链;12-波纹套;13-连接螺栓;15-车门下铰链;17-车门外板;18-螺栓头盖

(3)拆除门体内其余附件。

3)旋转式车门的安装

安装时按上述相反的顺序进行。

2. 旋转式车门的调整

车门调整的目的和技术要求:车门调整的目的就是使车门处于正确的安装位置,并使车门开启和关闭灵活、轻便。

调整后的一般技术要求:车门表面与门框及周围板面平齐协调,与前后构件的型线及边缘过渡对正规整;门柱上锁座与车门锁对齐,啮合良好;车门周边缝隙均匀且在规定的范围之内,一般车门与周围门框的间隙为3mm左右,下部底缘的间隙约5mm。对车门不必用很大的力即可轻易地开关。

例如,奥迪轿车的前、后车门缝隙要求如图2-3-3所示。$a$ 为 4~5mm,$b$ 为 4.5~5.5mm,$c$ 为 3.5~4.5mm。

从技术要求可见,车门的调整内容有三项,即上下、前后、内外位置的调整。

至于车门的调整,通常是通过上下、前后及内外移动车门,使车门与车门框紧密配合对中来实现车门的正确定位。其操作过程往往是将铰链合页在车身一侧的固定螺栓拧松,使螺栓在加大的铰链座孔内上下、前后移动,最后达到车门做上下、前后、内外移动的目的,如图 2-3-4 所示。

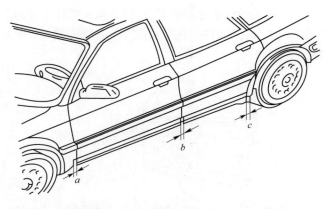

图 2-3-3　奥迪车门调整缝隙

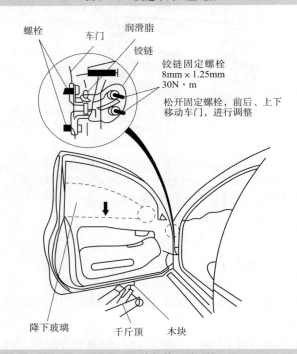

图 2-3-4　车门的上下调整

必须强调的是,对于每侧两个车门的轿车,一般的车门调整顺序是,在调整前首先应选定合适的车门的调整基准并从后车门开始(由于车身后翼子板是不可调整的),后门调整好后,对应着后门进行前门的调整,并使前门与前翼子板配合良好;无论做哪项内容的调整,都要留心不可将车身及车门板件损伤。

具体的调整方法分述如下。

1)车门的上下调整方法

先检查车门在门框内的位置以及车门与前翼子板和车门槛板间的间隙。如果车门太低或太高,把一个木块放到车架下,加强车门内板,防止车门外板的损坏。拧松车门铰链的固定螺栓,用千斤顶或撬棍慢慢升高或降低车门,如图 2-3-4 所示,使之与车身门框装配妥当,然后,在每个铰链上固定一个螺栓,使车门前移的内外位置不发生改变。最后,放下千斤顶,检查车门是否与门框紧密配合对中。

2)车门的前后调整方法

进行车门前后调整时,一次只能对一个铰链调整,这样,车门的调整比较容易控制。首先检查铰链销是否磨损,更换已磨损的铰链销。销上的衬套若磨损应更换衬套。然后紧固铰链销,按图 2-3-5 所示方法予以调整。

首先调整最上部的铰链,然后调整最下部的铰链。也可以先调整下部的铰链,然后再调整上部的铰链,直到得到合适的间隙为止。

3)车门的内外调整方法

车门的内外调整的目的是使车门在关闭后与车身板件的表面轮廓线对齐,并紧紧地把密封条压在车门框上,形成车门和车门框间的良好密封,阻止水、灰尘、气流进入车中。

由于车门的两个铰链、中央门柱、车门锁体和锁座决定车门的安装位置,因而车门内外调整总是依靠移动这几个构件来实现。但调整时应小心进行,因为只在上部铰链处将车门外移,虽然影响车门位置,但也会移进相对的车门底角,如果在车门的底部铰链处内移车门,同样会使相对的上角变小。如果在两个铰链处等距离地移进或移出车门,则仅会影响到车门的前部,车门后部的移动量又会减小。

移动车门的调整锁座的方法与前述的调整铰链类似,如图 2-3-6 所示。

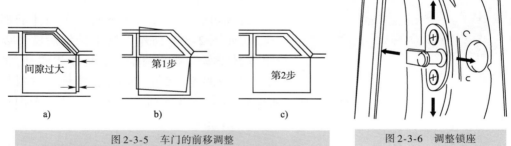

图 2-3-5 车门的前移调整
a)前移车门;b)在上端铰链处前移车门;c)在下端铰链处前移车门

图 2-3-6 调整锁座

3. 安全和环保

安全与环保是维修企业最注重的重要环节之一。在实训室进行每一项实践操作时,都应严格遵守实训室规章制度,不得玩笑嬉闹。切实做好5S(整理,整顿,清洁,清扫,素养)。

在进行车门拆装前,首先要确保汽车制动良好(检查驻车制动及车轮胎垫块的位置)及静态冷却。其次,在旁边准备好轮胎或是其他软物用来备放拆卸下来的车门。操作时,工作人员必须穿好工作服,佩戴工作手套。拆装完毕后,各拆装工具须有序地放置原位。结束后,做好实训场地的清洁工作。

4. 工具的使用和测量

由于车门与车身是通过螺栓连接,为此在拆装过程中我们就有较多的工具选用。比如:开口扳手、套筒扳手、组合扳手、活扳手、管子扳手、六角头六方孔扳手、套头扳手等。在工具选用时应优先选用套筒或套头扳手,这样能够保证在拆装过程中不易打滑。选择好工具后应检查工具的完好性,并在使用后注意维护。

5. 质量检测

车门安装完成后需进行车门与周围板件间隙的检查,查看间隙是否均匀,同时小心地开启和关闭车门,查看是否有运动干涉现象,以确定安装质量。

## 二、任务实施——车门密封性调整

1. 安全和环保措施

(1)拆装之前,穿戴好工作服,工作手套及其安全鞋。

(2)注意检查车辆的制动装置是否良好,检查车辆是否处于冷却状态。

(3)在拆装前还要注意在车胎下放垫块使车停稳,防止工作过程中出现意外。

(4)准备好软质垫块(用以保护拆装下的车门不被损坏)及垫布贴于前翼子板周围的漆膜上,起到保护作用。

(5)遵守实训室的各规章制度。按程序要求,安全操作。

2. 拆装工艺

(1)如图 2-3-7 所示,拆下车门内板与车门本体的连接螺栓,将这几个螺栓取下来后,可以将内板与车门体分离。在分离时还要注意内板与车门体有一条电源线连接在一起的,这时需要另一名组员将电源线与车门内板分离。

图 2-3-7 拆下车门内板

(2)成功取下内板后撕下封闭车门体的那层防尘罩,如图 2-3-8 所示。撕下胶纸后就可以进行限位器和车门锁的调整了。具体步骤是:将限位器与车身的连接螺栓拆下,接着将限位器与车门体的连接螺栓拆下,然后检查限位器是否完好,如图 2-3-9 所示。检查完毕后将限位器正确的安装在车门体上。

图 2-3-8 撕掉防尘罩

图 2-3-9 检查限位器连接情况

(3)拆装车门锁:将胶纸撕下后可以看到儿童锁和内把手的组合体,将这个组合体取下后可以取锁体了。方法是先按照图2-3-10、图2-3-11所示的顺序将锁体与车门的连接螺栓拆下,然后将外门把手的卡销与车锁分开,这样就可以将车锁(图2-3-12)取下来进行车锁的检修。检修好后按照拆卸的相反顺序将车锁重新装在车门上。

图2-3-10 拆除门锁连接螺钉

图2-3-11 拆除门锁控制拉索

(4)将车锁安装好后就可以对铰链进行调整,这里要注意的是:拆铰链时,应按照4→2→3→1的顺序将螺栓拆下,而调整好后在安装螺栓时,应按照1→3→2→4的顺序用手将4个螺栓拧紧(图2-3-13),调整好铰链的位置后再用12号套筒扳手将其拧紧(图2-3-14),这样就完成了铰链的调整。

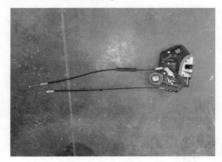

图2-3-12 门锁

图2-3-13 安装螺栓

(5)将限位器、车门锁、铰链调整好后,还有一步就是将限位器与车身正确的连接起来,如图2-3-15所示。

图2-3-14 拧紧螺栓

图2-3-15 限位器连接

### 3. 质量检验

完成这部分工作后,就要对车门密封性的几个参考位置进行检验,看车门关闭时的缝隙是否均匀,而且缝隙的宽度是否符合要求,并且车门的棱线与翼子板、同侧的另一车门的棱线对齐,车门是否关闭紧密不透风,如图 2-3-16 ~ 图 2-3-19 所示。

图 2-3-16　前车门与前翼子板之间密封性检查

图 2-3-17　前车门与中柱之间密封性检查

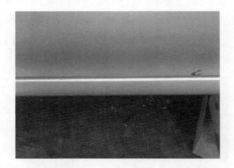

图 2-3-18　前车门与车门槛之间密封性检查

图 2-3-19　前车门与顶盖侧梁之间密封性检查

## 三、评价反馈

### 1. 自我评价

自我评价表见表 2-3-1。

自 我 评 价 表　　　　　　　　表 2-3-1

| 学习任务 | | 班　级 | | 日　期 | |
|---|---|---|---|---|---|
| 小组 | | 组内分工任务 | | 本次学习时间: | 学时 |
| 组员 | | | 自评成绩及评语 | | |

(1)根据车门拆装要求和已有的知识技能,制订本小组学习工作计划。

①知识空白有哪些,怎样获取(学习流程)?

②怎样保证工作安全？

③工作操作流程(从准备到完成的工作流程)。

④怎样满足环保要求(涉及哪些环保要求,如何达到相关标准)？

⑤怎样保证工作质量和控制成本？

(2)写出本小组需要查阅的资料名称、内容。

(3)列出完成本次任务使用的仪器设备、零配件、工具。

(4)通过本学习任务的学习,你是否已经掌握以下问题:
①汽车车门的分类和结构是怎样的？

②汽车车门的拆装工序是什么？

(5)在汽车车门的拆装中用到了哪些设备？你是否已经掌握了这些设备的正确操作技能？

(6)实训过程完成情况如何？

评价：_____
_____
_____。

(7) 工作着装是否规范？
评价：_____
_____
_____。

(8) 能否积极主动参与工作现场的清洁和整理工作？
评价：_____
_____
_____。

(9) 在完成本学习任务的过程中，你是否主动帮助过其他同学？与其他同学探讨过哪些关于汽车车门拆装和调整的具体问题？结果是什么？
_____
_____。

(10) 通过本学习任务的学习，你认为哪些方面还有待进一步改善？
_____
_____。

签名：_____  ___年___月___日

2. 小组评价

小组评价表见表2-3-2。

小组评价表　　　　　　　　　　　表2-3-2

| 序　号 | 评价项目 | 评价情况 |
| --- | --- | --- |
| 1 | 学习态度是否积极主动 |  |
| 2 | 是否服从教学安排 |  |
| 3 | 是否达到全勤 |  |
| 4 | 着装是否符合要求 |  |
| 5 | 是否合理规范地使用装卸工具 |  |
| 6 | 是否按照安全和规范的流程操作 |  |
| 7 | 是否遵守学习、实训场地的规章制度 |  |
| 8 | 是否积极主动地和他人合作、探讨问题 |  |
| 9 | 是否能保持学习、实训场地整洁 |  |
| 10 | 团结协作情况 |  |

参与评价的同学签名：_____  ___年___月___日

3. 教师评价

_____

_____

教师签名：_____ ____年____月____日

 能力训练

**活动1**：根据车门密封性调整工作记录完成总结报告并制作成PPT，在下次任务实施前进行展示。

**活动2**：根据车门密封性调整任务完成总结，制订前翼子板安装位置调整任务实施计划并实施拆装。

# 学习任务四　汽车座椅拆装及位置调整

### 学习目标

1. 能够查阅维修手册，了解汽车座椅的结构和调整方法；
2. 能够根据工艺要求和维修手册完成座椅拆卸和安装位置调整；
3. 能够根据维修要求正确使用各种配套工具；
4. 能够根据环保要求进行旧件回收。

### 任务描述

**情境：**张先生，40岁，驾驶车型为富康，已购车4年，最近发现驾驶人座椅被卡住，不能向前移动。

请结合所学知识，分析问题产生原因，并进行故障排除。同时，向客户解释发卡原因，提示用户在今后使用过程中的注意事项。

### 学习引导

本学习任务沿着以下进程学习：

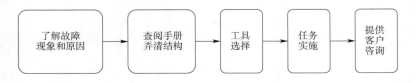

## 一、任务解说——座椅拆装和位置调整的相关知识

**1. 前座椅及其靠背的拆卸**

前座椅及其靠背的拆卸的方法如下。

1）将端帽及装饰条拉出导轮

（1）如图2-4-1所示，按图中箭头所示的方向向前推座椅。

（2）松开螺钉。向后拉端帽及装饰条，使之脱出导轮。

**注意：**在带有加热座椅的车上，操作之前必须先拔下电路插座接头。

2）拆下前座椅

如图2-4-2所示，松开螺母（左右各两个），向后将座椅从导轮中拉出。

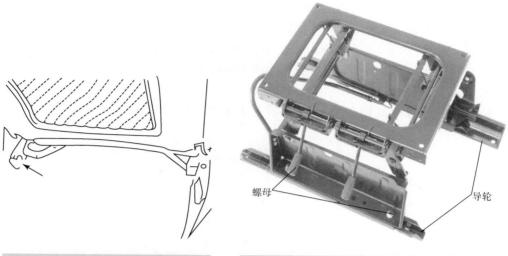

图2-4-1　将端帽及装饰条拉出导轮　　　图2-4-2　拆下前座椅

3）拆解前座椅靠背

如图2-4-3所示，拆下装饰板16、沉头螺钉8及两侧锁卡6。推压靠背架上的靠背，从靠背架上取下靠背。

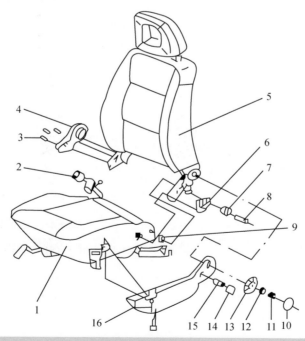

图2-4-3　拆解前座椅靠背

1-前座；2-安全带卡桶；3-卡销；4、10、14-盖帽；5-靠背；6-锁卡；7-偏心环；8-沉头螺钉；9、12-垫；11、15-十字槽螺钉；13-调整钮；16-装饰板

## 2. 后座椅的拆卸

后座椅的拆卸方法如下：

(1) 松开后座椅靠背及坐垫（如图2-4-4中箭头所示），并向前翻折（图中A为锁止销）。

(2) 从坐垫中拆下安全带和安全带搭扣。

(3) 拆下旋塞（如图2-4-5中箭头所示），脱开限位拉索1（仅在驾驶人侧设有限位拉索）。

(4) 撬下护套1（图2-4-6），拧下有槽凸圆头螺钉2。

(5) 拆下坐垫。

(6) 拧下带肩螺栓2（图2-4-7），将靠背1从座椅3上分离开。

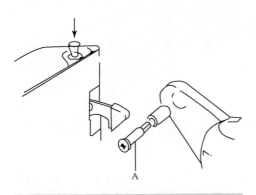

图2-4-4 松开后座椅靠背和坐垫

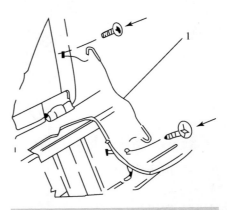

图2-4-5 拆下旋塞
1-限位拉索

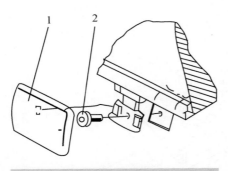

图2-4-6 拆下坐垫
1-护套；2-有槽凸圆头螺钉

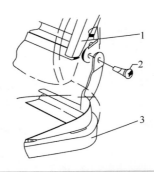

图2-4-7 将靠背从座椅上分离开
1-靠背；2-带肩螺栓；3-座椅

## 3. 前后座椅的安装

前后座椅的安装和拆卸顺序相反。

## 4. 电动座椅的位置调整

1) 前后方向位移

如图2-4-8所示。座椅滑动电动机带动两根丝杆旋转，使丝杆啮合的上滑块在下导轨上前后移动，滑块固定在坐垫骨架上，从而带动座椅前后位移。丝杆两端设有前后限位器，以限制上滑块移动的行程,驾驶人座椅前后移动的最大行程为240mm,副驾驶人座椅滑动的最大行程为210mm。

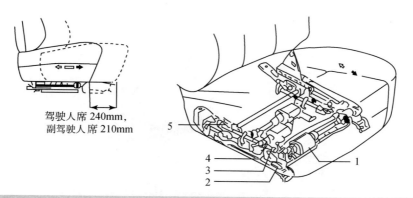

图 2-4-8　前后位移调整(雷克萨斯LS400)
1-座椅滑动电动机;2-下导轨;3-前限位器;4-上滑块;5-后限位器

2)座椅前方上下调整

电动机带动丝杆转动,使丝杆上啮合的拉杆位移,拉动联动装置中的三角板绕轴线转动,连杆的高度位置变化,从而使坐垫前端上下翘起,如图 2-4-9 所示。

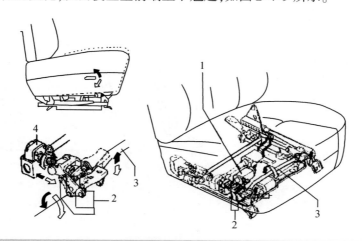

图 2-4-9　座椅前方上下调整(雷克萨斯 LS400)
1-调整电动机;2-联动装置;3-连杆;4-罩盖

3)座椅后方上下调整

如图 2-4-10 所示,调整方法与座椅前方上下调整方法相同,只是联动装置结构略不同,它使后连杆高度变化,使坐垫后端翘起或下落。

4)坐垫上下平移调整

使前、后两台上下调整电动机同步动作,即操作前、后方上下调整开关同步动作,便可使座椅上下平移。

5)靠背倾斜调整

如图 2-4-11 所示。内齿与上臂(靠背)相连,外齿安装在偏心销轴上,偏心销轴旋转带动外齿紧贴内齿,并与内齿啮合。偏心销轴承安放在下臂(坐垫骨架)上。电动机转动,通过链轮使外齿转动,外齿转过360°,内齿使上臂倾斜12°(图2-4-12)。

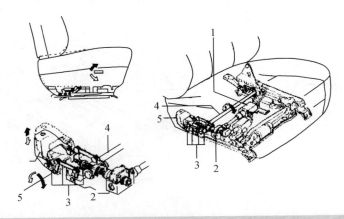

图2-4-10 座椅后方上下调整(雷克萨斯LS400)
1-调整电动机;2-罩盖;3-联动装置;4-连杆;5-托架

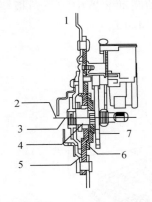

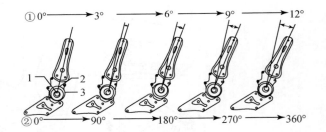

图2-4-11 靠背倾斜调整(雷克萨斯LS400)
1-上臂;2-偏心轮中心线;3-销轴中心线;4-偏心销轴;5-外齿;6-内齿;7-盖板

图2-4-12 能调整的偏转角度
1-偏心销轴;2-外齿;3-内齿;
①-上臂倾斜角度;②-偏心销轴转过角度

6) 腰支撑调整

由于驾驶人在驾驶中腰背的活动范围很大,为了减轻驾驶人在操作中的疲劳,设置腰支撑调整。如图2-4-13所示。电动机带动托架转过一定的角度,通过扭簧带动推压板紧贴驾驶人腰部。

5. 轿车驾驶人座椅的调整

座椅调整一般有三个方位:高低升降、前后移动和靠背倾角调整。

高低升降:多数轿车对升降采用旋钮式,转动螺旋可使驾驶座椅上升或下降。

前后移动:多数轿车对前后移动采用双轨锁紧机构,需要移动时,松开锁紧手柄,使座椅前后移至适当位置,而后拉紧手柄,将座椅锁紧。

靠背倾角调整:多数轿车靠背调整使用拉齿手柄,使用时,提起调整手柄,并向后靠倚,直至达到要求的角度时放开手柄。

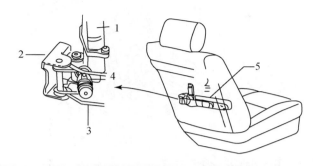

图 2-4-13　腰支撑调整(雷克萨斯 LS400)
1-电动机;2-托架;3-扭簧;4-螺母;5-推压板

6. 安全和环保

安全与环保是维修企业最注重的重要环节之一。在实训室进行每一项实践操作时,都应严格遵守实训室规章制度,不得玩笑嬉闹。切实做好5S(整理,整顿,清洁,清扫,素养)。

在进行车门拆装前,首先要确保汽车制动良好(检查驻车制动器及车轮胎垫块的位置)及静态冷却。其次,在旁边准备好轮胎或是其他软物用来放拆卸下来的发动机罩。操作时,工作人员必须穿好工作服,佩戴工作手套。拆装完毕后,各拆装工具须有序地放置原位。结束后,做好实训场地的清洁工作。

7. 工具的使用和测量

请根据维修车型手册中所列工具进行准备。

## 二、任务实施——富康座椅的拆装与调整

1. 座椅的调整

富康轿车的前后座椅,均可调整。

1)前座椅的调整

(1)座椅靠背倾斜角的调整:转动调节手柄8,调整倾斜角至所需角度后旋紧手柄即可(图2-4-14)。

(2)前后位置的调整:松开滑轨总成6的定位装置,将前座椅移至需要位置,再固定滑轨总成(图2-4-14)。

(3)头枕调整:头枕可上下调节,若需卸下头枕,只需将头枕向上提出即可。

2)后座椅(图2-4-15)。

(1)折叠后座椅:当需要折叠后座椅时,应先将安全带与座椅靠背下部的锁扣插接在一起,然后向上拉带子,将后座椅坐垫翻向前座椅靠背,再扳动中间操纵柄,向前翻转后座椅靠背。

(2)前后调整座椅:后座椅可以前、后移动,最大移动量为180mm。需要调整时提起操纵柄,使活动地板与坐垫一起移动;也可从前座位上提起操纵柄,把后座椅拉到最前面位置。

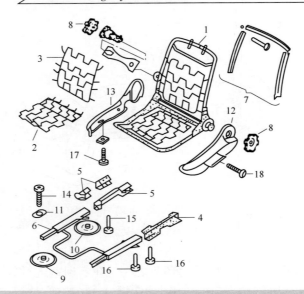

图 2-4-14　前左座椅——骨架

1-左座椅骨架;2、3-舌形弹簧;4、5-支撑架;6-滑轨总成;7-防护条;8-手柄;9、10-垫块;11-挡板;12-外护板;13-内护板;14、15、16、17、18-螺钉

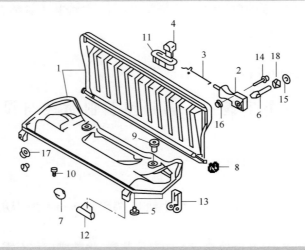

图 2-4-15　可折叠后座椅——骨架

1-靠背骨架;2-椅背固定锁;3-固定杆;4-手柄;5-缓冲块;6-锁销;7-保持夹;8-轴衬套;9-盖形螺母;10-堵塞;11-手柄座;12-坐垫托架;13-支架;14-螺钉;15-平垫圈;16-凸缘螺母;17-带垫圈螺钉;18-螺母

2. 座椅的拆卸

1)前座椅的拆卸

(1)最大限度地向后滑动前座椅,然后松开固定在底部滑槽上的 2 个螺钉。

(2)再最大限度地向前滑动前座椅,然后松开滑槽上的止动螺栓,前座椅便可从滑槽上移出。

2)后座椅的拆卸

(1)将后座安全带从坐垫与靠背之间孔洞中穿引出来。

(2)分别拆卸椅背固定锁 2、固定杆 3、锁销 6、手柄 4 和转轴上轴衬套 8 和调节手轮(图

2-4-15),将后座椅靠背拆卸下来。

(3)拧松后座椅坐垫托架12和支架13的固定螺栓,将后座椅坐垫从底座上拆卸下来。从烟器和照明灯电气线路,拆下照明灯和数字时钟,从烟灰盒孔处断开空调接线插头。

## 三、评价反馈

1. 自我评价

自我评价表见表2-4-1。

自 我 评 价 表　　　　　　　　表2-4-1

| 学习任务 | | 班级 | | 日期 | |
|---|---|---|---|---|---|
| 小组 | | 组内分工任务 | | 本次学习时间: | 学时 |
| 组员 | | | 自评成绩及评语 | | |

(1)根据汽车座椅拆装要求和已有的知识技能,制订本小组学习工作计划。

①知识空白有哪些,怎样获取(学习流程)?
_____
_____

②怎样保证工作安全?
_____
_____

③工作操作流程(从准备到完成的工作流程)。
_____
_____

④怎样满足环保要求(涉及哪些环保要求,如何达到相关标准)?
_____
_____

⑤怎样保证工作质量和控制成本?
_____
_____

(2)写出本小组需要查阅的资料名称、内容。
_____
_____

(3)列出完成本次任务使用的仪器设备、零配件、工具。

(4)通过本学习任务的学习,你是否已经掌握以下问题:
①汽车座椅的拆装工序是什么?

②如何调整汽车座椅?

(5)在汽车座椅的拆装中用到了哪些设备?你是否已经掌握了这些设备的正确操作技能?

(6)实训过程完成情况如何?
评价:

(7)工作着装是否规范?
评价:

(8)能否积极主动参与工作现场的清洁和整理工作?
评价:

(9)在完成本学习任务的过程中,你是否主动帮助过其他同学?与其他同学探讨过哪些关于汽车座椅拆装和调整的具体问题?结果是什么?

(10)通过本学习任务的学习,你认为哪些方面还有待进一步改善?

签名:_____ ___年___月___日

## 2. 小组评价

小组评价表见表2-4-2。

小 组 评 价 表　　　　　　　　表2-4-2

| 序 号 | 评 价 项 目 | 评 价 情 况 |
|---|---|---|
| 1 | 学习态度是否积极主动 | |
| 2 | 是否服从教学安排 | |
| 3 | 是否达到全勤 | |
| 4 | 着装是否符合要求 | |
| 5 | 是否合理规范地使用装卸工具 | |
| 6 | 是否按照安全和规范的流程操作 | |
| 7 | 是否遵守学习、实训场地的规章制度 | |
| 8 | 是否积极主动地和他人合作、探讨问题 | |
| 9 | 是否能保持学习、实训场地整洁 | |
| 10 | 团结协作情况 | |

参与评价的同学签名：_____　___年___月___日

## 3. 教师评价

_____

_____

_____。

教师签名：_____　___年___月___日

**能力训练**

项目1：根据轿车座椅的拆装记录已经完成总结报告，并制作工艺流程卡片。

项目2：查阅相关资料写出汽车电动座椅拆装的使用工具和实施步骤。

# 学习任务五　前后车门玻璃的拆装及密封性调整

### 学习目标

1. 能够查阅维修手册完成车窗玻璃的拆装和密封性调整；
2. 能够查阅维修手册完成车窗玻璃升降器的拆装和调整；
3. 能够根据拆装需要正确使用各种配套工具；
4. 能够根据环保要求进行旧件回收。

### 任务描述

情境：王小姐，30岁，驾驶车型为雪铁龙C2，已购车2年，最近发现车窗玻璃在上升过程中发卡，需手拉才能完成车窗玻璃的上升。

请结合所学知识，分析问题产生原因，并进行故障排除。同时，向客户解释发卡原因，提示用户在今后使用过程中的注意事项。

### 学习引导

本学习任务沿着以下进程学习：

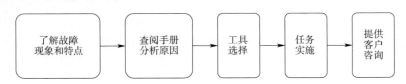

## 一、任务解说——前后车门玻璃拆装和密封性调整的相关知识

1. 车门玻璃的装配

前后车门玻璃需要借助升降器才能调整玻璃的开度，因此玻璃一般都与升降器装配在一起，调节玻璃升降器即可使车的玻璃沿导槽上下运动，进而调整通风口的大小。

玻璃与升降器装配位置在玻璃的下边缘，常见有两种固定方式。

1) 紧固件式

采用紧固件固定时,所用的紧固件为螺栓或铆钉,并配有塑料垫或橡胶垫,以防与玻璃直接接触而使玻璃破损。紧固件穿过玻璃而把玻璃固定到升降器槽或托架上,胶垫则垫在玻璃与紧固件及托架之间。安装时,需要用螺栓或铆钉先把升降器槽或托架固定到玻璃上,螺栓要穿过玻璃。

2) 黏结方式

这种固定方式是使用黏结剂把玻璃与升降器托架黏结固定在一起,如图2-5-1所示。通常托架上部设有U形槽,内置若干个垫块,以防止玻璃与金属槽或托架直接接触。这种固定方式在拆卸玻璃时,常需要将升降器托架一道拆下来。

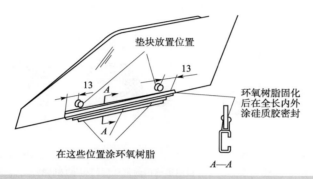

图 2-5-1 黏结固定的车门玻璃(单位:mm)

2. 车门密封条

密封条用来保持车身的门、窗玻璃等可动部分,及前窗、后窗、三角窗等不动部分的密封。密封条的形状与断面应适应不同的使用部位及不同功能的要求。

设置密封条的目的:

(1)保持车内避风雨、防尘、隔热、隔声。

(2)当车身受到振动与扭曲时,密封条还起到缓冲、吸振、保护玻璃的作用。

(3)对门窗交接的边缘起装饰作用。

密封条的材质,早期常使用天然橡胶,后来发展为以乙烯—丙烯橡胶、丁腈橡胶等人工合成橡胶为主流,也有采用聚氯乙烯树脂的。对于前窗、后窗、三角窗等固定窗缘部分,也有采用多种黏结形式(如直接黏结法或橡胶带黏结法)。

作为发泡的合成橡胶应具有良好的性能,即要求:

(1)优良的耐候性。

(2)对于涂装具有非污染性。

(3)残余变形小。

(4)吸水率低。

(5)在低温也能保持良好的柔软性。

(6)具有耐热性。

(7)耐磨性良好。

车门与车身的密封是一个比较困难的部位,密封要求比较严、应密封的部分比较长,各密封部位的断面形状不尽相同,而且车门启闭频繁。

实现车门密封的基本断面形状有三种:弯曲型、压缩型、复合型(图2-5-2)。而不同部位使用的密封条形状则复杂得多。车门密封条的布置形式有:车门安装型(密封条固定在车门的四周)、车身安装型(密封条固定在门洞周围的骨架上)、车门、车身双重安装型(在车门四周及门洞周围双侧均安装密封条)。

显然,车门、车身双重安装密封条提高了整车密封性。可以根据使用部位不同,制成了各种复杂的断面形状。为了加强密封的效果,在高级轿车上常设置3道、4道密封,这种多道密封一般都布置在前门缝里,除具有密封功能外,还有防止产生风噪声的作用。

奥迪A4轿车门框是由三种不等断面的铝型材组成,所以镶嵌在门框内的门玻璃密封条也是由三种不等断面组成,如图2-5-3所示。

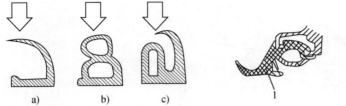

图2-5-2 车门密封条断面形状
a)弯曲型;b)压缩型;c)复合型

图2-5-3 门玻璃密封条
1-用于前门前框和后门后框玻璃的密封条断面;2-用于导轨的密封条断面;3-用于前门后框和后门前、上框的密封条断面

以上三种断面的材料均为带有橡胶性质的氯化聚乙烯(PEC),与玻璃接触的表面带有植绒,断面是挤出成型。整段密封条要求不少于48h、高于60℃情况下,其安装状态(塞入)不允许出现老化纹,它的植绒部分应能承受连续交变载荷的耐磨试验,并要求氙光试验1000h不允许变色,由于产品质量要求较高,工艺比较复杂,难度较大,目前国内生产还有一定困难。

3. 安全和环保

安全与环保是维修企业最注重的重要环节之一。在实训室进行每一项实践操作时,都应严格遵守实训室规章制度,不得玩笑嬉闹。切实做好5S(整理、整顿、清洁、清扫、素养)。

在进行车门拆装前,首先要确保汽车制动良好(检查驻车制动器及车轮胎垫块的位置)及静态冷却。其次,在旁边准备好轮胎或是其他软物用来放拆卸下来的车窗玻璃与升降器。操作时,工作人员必须穿好工作服,佩戴工作手套。拆装完毕后,各拆装工具须有序地放置原位。结束后,做好实训场地的清洁工作。

4. 工具的使用和测量

请根据维修车型手册中所列工具进行准备。

## 二、任务实施——前后车门玻璃与升降器的拆装

1. 前车门玻璃与升降器的拆装(图2-5-4)

(1)撬出固定销,拆除升降器摇把,如图2-5-5所示。

(2)拆除内车门把手罩、上下门饰板及防水胶布。

（3）用升降器摇把将车窗玻璃降下,至升降器与玻璃之固定螺钉自内嵌板的作业孔露出为止。

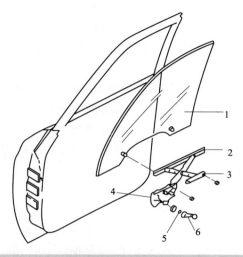

图 2-5-4　门玻璃及升降器
1-门玻璃;2-导槽 B;3-导槽 A;4-门玻璃升降器;5-夹簧;6-升降器把手

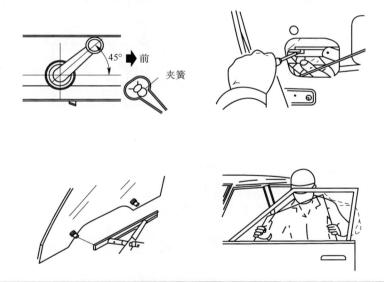

图 2-5-5　拆除车窗玻璃流程图

（4）用螺钉旋具伸入上述作业孔,将升降器与玻璃的固定螺钉旋松。但是不需要将螺钉拆除。
（5）将导槽滑向一侧,并且从锁孔将螺钉头拆离导槽,使玻璃脱离升降器。
（6）使车窗玻璃脱离门框并将其取下。
（7）拆除车窗玻璃升降器的固定螺栓,并从作业孔中取出。
（8）车窗玻璃与升降器的安装按拆卸的相反顺序进行。
**注意**:升降器的滑动面应涂以黄油。

## 2. 后车门玻璃与升降器的拆装

（1）撬除定位销，拆下升降器摇把。

（2）拆除车门内把手罩、上下门饰板及防水胶布。

（3）用升降器摇把将玻璃摇下，至升降器与玻璃的固定螺钉自内嵌板的作业孔露出为止。

（4）用螺钉旋具伸入内嵌板作业孔，将玻璃与升降器的固定螺钉拧松，但是不需要将螺钉拆下。

（5）将导槽推向一旁，将螺钉头拆离导槽，使玻璃与升降器脱离。

（6）使后角窗弯曲，从车窗玻璃门框的下端将玻璃拆下。

（7）拆除升降器的固定螺栓，自作业孔取出升降器。

（8）车窗玻璃、后角窗及升降器的安装依拆卸的相反顺序进行。

## 3. 车窗玻璃安装位置调整

调整导槽 A 即可调整车窗玻璃，步骤如下：

（1）将导槽 A 的固定螺钉部分拧松。

（2）使车窗玻璃位于上方，依下述规定导槽 A 上下移动，使车窗玻璃与门框玻璃滑槽适当对准。若车窗玻璃如图 2-5-6a）所示状态，则将导槽 A 向上移，若如图 2-5-6b）所示的状态，则将导槽 A 向下移。

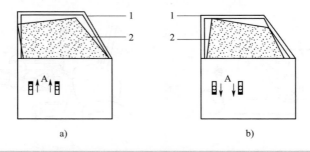

图 2-5-6 玻璃调整
1-门框；2-车窗玻璃

（3）车窗玻璃摇上或摇下，其位置须适当。

（4）车窗玻璃校正后，锁紧导槽 A 固定螺栓。

# 三、评 价 反 馈

## 1. 自我评价

自我评价表见表 2-5-1。

自 我 评 价 表　　　　　表 2-5-1

| 学习任务 | | | 班级 | | 日 期 | |
|---|---|---|---|---|---|---|
| 小组 | | 组内分工任务 | | | 本次学习时间： | 学时 |
| 组员 | | | 自评成绩及评语 | | | |

## 任务实施

(1) 根据前后车门玻璃拆装要求和已有的知识技能,制订本小组学习工作计划。

①知识空白有哪些,怎样获取(学习流程)?

_____

_____

②怎样保证工作安全?

_____

_____

③工作操作流程(从准备到完成的工作流程)。

_____

_____

④怎样满足环保要求(涉及哪些环保要求,如何达到相关标准)?

_____

_____

⑤怎样保证工作质量和控制成本?

_____

_____

(2) 写出本小组需要查阅的资料名称、内容。

_____

_____

(3) 列出完成本次任务使用的仪器设备、零配件、工具。

_____

_____

(4) 通过本学习任务的学习,你是否已经掌握以下问题:

①车门玻璃与升降器装配位置有哪几种方式?

_____

_____

②车门玻璃的密封条有哪几种?

_____

_____

③车门玻璃的拆装和安装位置调整工序是什么？

_____
_____
_____
_____。

(5)在车门玻璃的拆装中用到了哪些设备？你是否已经掌握了这些设备的正确操作技能？

_____
_____
_____
_____。

(6)实训过程完成情况如何？
评价：_____
_____
_____
_____。

(7)工作着装是否规范？
评价：_____
_____
_____
_____。

(8)能否积极主动参与工作现场的清洁和整理工作？
评价：_____
_____
_____
_____。

(9)在完成本学习任务的过程中，你是否主动帮助过其他同学？与其他同学探讨过哪些关于汽车车门玻璃的拆装和调整的具体问题？结果是什么？

_____
_____
_____。

(10)通过本学习任务的学习，你认为哪些方面还有待进一步改善？

_____
_____
_____。

签名：_____　　___年___月___日

2. 小组评价

小组评价表见表2-5-2。

## 小组评价表

表 2-5-2

| 序号 | 评价项目 | 评价情况 |
|---|---|---|
| 1 | 学习态度是否积极主动 | |
| 2 | 是否服从教学安排 | |
| 3 | 是否达到全勤 | |
| 4 | 着装是否符合要求 | |
| 5 | 是否合理规范地使用装卸工具 | |
| 6 | 是否按照安全和规范的流程操作 | |
| 7 | 是否遵守学习、实训场地的规章制度 | |
| 8 | 是否积极主动地和他人合作、探讨问题 | |
| 9 | 是否能保持学习、实训场地整洁 | |
| 10 | 团结协作情况 | |

参与评价的同学签名：_____　____年____月____日

3．教师评价

_____
_____
_____。

教师签名：_____　____年____月____日

## 能力训练

**项目1**：根据电动车窗拆装记录完成总结报告，并制作工艺流程卡片。

**项目2**：查阅相关资料写出车窗玻璃更换的使用工具和实施步骤。

# 学习任务六　风窗玻璃的拆装及密封性调整

## 学习目标

1. 能够查阅维修手册完成风窗玻璃的拆装；
2. 能够查阅维修手册完成风窗玻璃的密封性调整；
3. 能够根据拆装需要正确使用各种配套工具；
4. 能够根据环保要求进行旧件回收。

## 任务描述

**情境**：王小姐,30岁,拥有的奥迪A6型轿车已行驶8万km。在一次出车中,室外气温很低,又恰逢雨夹雪天气,当打开空调升高车内温度时,出现前风窗玻璃雾气很大,以致影响视线无法正常行驶。由于怕影响行车安全,驾驶人想尽所有办法,发现只有将空调温度设定在最低,风窗玻璃上的雾气才会逐渐消失,但此时车内低温使人受不了。

请结合所学知识,分析故障产生原因,并进行故障排除。同时,向客户解释发卡原因,提示用户在今后使用过程中的注意事项。

## 学习引导

本学习任务沿着以下进程学习：

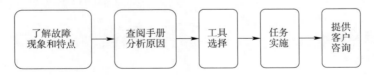

## 一、任务解说——风窗玻璃拆装和密封性调整的相关知识

1. 风窗玻璃的装配

1）黏结法固定方式

前风窗玻璃是用黏结法装配的典型,如图 2-6-1 所示。所使用的黏结材料主要有:氨基

甲酸乙酯、多硫化物、丁基胶带等。

除了黏结剂外,还有内外密封填料、装饰镶条、卡子等安装用附件。注意:有些车型的装饰镶条是用卡子和黏结同时装附于车上的。

2) 橡胶条法固定方式

将具有弹性和强度的防风雨橡胶密封条置于玻璃与车身之间用来固定汽车玻璃是比较流行的一种装配方式。多用于前后风窗玻璃和某些侧窗玻璃。

橡胶条法有图 2-6-2 所示的两种常见的装配形式;其中图 2-6-2a) 适合于前后风窗和某些侧窗玻璃的装配;图 2-6-2b) 适合于折叠式车门及其他小尺寸玻璃的固定。

一般橡胶条法也要用液体聚硫橡胶之类的玻璃密封剂在橡胶条周围与车身及玻璃的接口处填充。

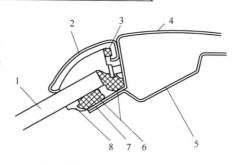

图 2-6-1　黏结法装配的玻璃
1-玻璃;2-饰条镶条;3-卡扣;4-顶盖;5-上框;6-黏结剂;7-窗框边缘;8-防水胶条

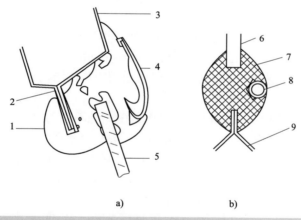

图 2-6-2　橡胶条法装配的玻璃
a) 前后风窗的装配;b) 侧门窗的装配
1、7-密封胶条;2-框缘;3-上框;4-外装饰条;5、6-玻璃;8-锁条(嵌条);9-窗框翻边

除了上述两种安装方法固定的之外,还有一些用螺钉紧固件固定或直接靠窗框镶嵌固定的,如一些车上的三角窗就不属于上述的两种方式。

2. 风窗玻璃的密封

1) 前风窗的密封

前风窗玻璃的密封可分为镶嵌式和黏结式两种。

(1) 镶嵌式密封条。

一般采用橡胶密封条,选择工作温度在 -40~40℃ 之间耐候性良好的橡胶,其硬度为肖氏硬度 HS55~HS70,扯断伸长率不小于 380%~400%。

前风窗密封条通常可分为相错式与相对式两种。

相错式前风窗密封条断面形状如图 2-6-3 所示。

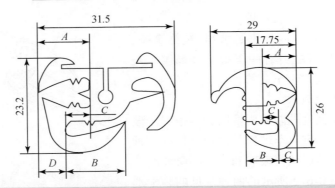

图 2-6-3　前风窗相错密封条(尺寸单位:mm)

A-玻璃嵌入深度,取 10～15mm;B-窗框翻边嵌入深度,取 11～14mm;C-玻璃与窗框翻边的重合尺寸,取 5～7mm;D-玻璃暴露点与窗框翻边端点距离,取 3～5mm

从断面图上可以看出:

①由于相错式的装配,增加了玻璃镶嵌的强度和刚度。

②在风窗窗口面积相同的情况下,与相对式密封条断面相比,加大了前风窗的采光面积。

③玻璃及窗框翻边的镶嵌深度相应有所增加。尽管这种密封条的断面形状复杂,成本高,但仍被广泛采用。相对式密封条断面如图 2-6-4 所示。

该断面结构简单,工艺性较好,成本低,但与相错式相比结构比较落后。

(2)黏结式密封。

由于密封条长期使用,存在老化问题,且因装配间隙不均匀,以及受行车振动的影响,致使密封效果逐渐变坏。因此,就会产生漏水、透风、进灰尘等现象。

采用黏结式装配前风窗玻璃,不论从结构强度,还是从密封效果来看,都明显优于密封条镶嵌式装配。而且,装配效率也较高,是目前国内、外较先进的装配方法。有两种方法:

①直接黏结法:使用 JLC-2 或 JN10 密封胶直接黏结的方法。

②橡胶带黏结法:可使用丁基橡胶带黏结,如图 2-6-5 所示。装配极为方便,深受用户欢迎。

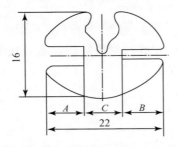

图 2-6-4　相对式密封条断面图

A-玻璃嵌入深度,取 7～9mm;B-窗框翻边嵌入深度,取 7～9mm;C-玻璃边缘至窗框翻边的距离,取 5～6.5mm

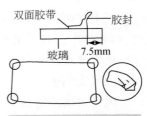

图 2-6-5　橡胶带黏结法

2)后窗玻璃密封

后窗玻璃密封与前风窗玻璃的密封形式相似,有密封条镶嵌式及黏结式。图 2-6-6 所示为后窗玻璃密封条装配形式。

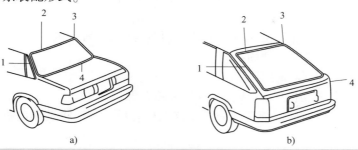

图2-6-6　后窗玻璃密封条
a) 四门轿车; b) 五门轿车
1-侧密封条;2-上密封条;3-密封接头;4-下密封条

3. 安全和环保

安全与环保是维修企业最注重的重要环节之一。在实训室进行每一项实践操作时,都应严格遵守实训室规章制度,不得玩笑嬉闹。切实做好5S(整理,整顿,清洁,清扫,素养)。

在进行风窗玻璃和后窗玻璃拆装前,首先要确保汽车制动良好(检查驻车制动器及车轮胎垫块的位置)及静态冷却。其次,在旁边准备好轮胎或是其他软物用来放拆卸下来的风窗玻璃和后窗玻璃。操作时,工作人员必须穿好工作服,佩戴工作手套。拆装完毕后,各拆装工具须有序地放置原位。结束后,做好实训场地的清洁工作。

4. 工具的使用和测量

请根据维修车型手册中所列工具进行准备。

## 二、任务实施——风窗玻璃和后窗玻璃的拆装

1. 风窗玻璃的拆装(压条固定式,图2-6-7)

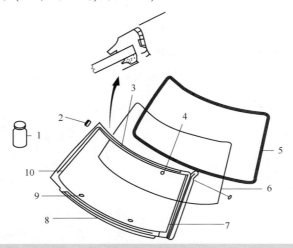

图2-6-7　风窗玻璃

1-密封剂;2-右侧风窗玻璃隔片;3-风窗玻璃上饰条;4-饰条固定器;5-风窗玻璃橡皮条;6-风窗玻璃;7-风窗玻璃侧饰条(左);8-风窗玻璃下饰条;9-风窗玻璃下隔片;10-风窗玻璃侧饰条(右)

风窗玻璃与玻璃框的密封,可使用密封剂(俗称玻璃胶),使用此种密封剂后,汽车必须要停置24h,令密封剂完全干燥。

风窗玻璃利用3个隔片定位。玻璃下端的两侧各一个,另一侧置于玻璃的右侧处。玻璃背面借助防雨橡皮条和密封剂固定。

1)风窗玻璃的拆卸(压条固定式)

(1)将前翼子板、发动机罩、仪表板与前座椅覆盖保护。

(2)拆除两侧前支柱饰板、前车顶饰板及仪表板总成。为便于玻璃的拆除,先以两吸着器装于玻璃上。

(3)将前滴水条向上滑并将其取出,切勿损坏橡皮盖。若装有收音机天线,也应将其拆除。拆下风窗玻璃压条,如图2-6-8所示。

(4)自车内将风窗玻璃周围的挡水橡皮拆除,如图2-6-9所示。

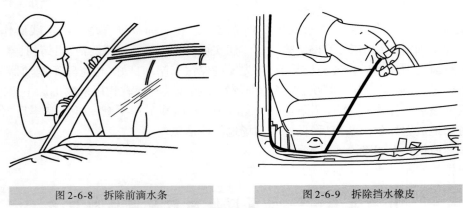

图2-6-8 拆除前滴水条　　　　图2-6-9 拆除挡水橡皮

(5)用利刃将整个窗口周围边缘的填缝割除,如图2-6-10所示。

(6)填缝切除程序如下:

①用刀切入填料的一部分。

②将钢丝的一端(钢丝直径为0.5mm)拴于工作把手上。将另一端穿过玻璃边缘的填料而使其进入车厢内,并将此端固定在另一把手之上。

③由助手帮助,利用拉锯动作,拉动钢丝通过窗口周围的填缝料,如图2-6-11所示。

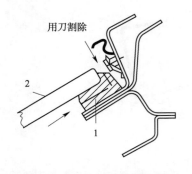
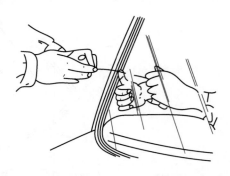

图2-6-10 割除填料　　　　图2-6-11 割除密封条
1-黏性材料;2-玻璃

④由助手帮助握住吸着器将玻璃取下。
⑤使用刀片或锐利的刮削工具,将玻璃窗开口周围的填缝料清除,但需留 1~2mm 厚。
2)风窗玻璃安装
(1)检查压条固定器有无遗漏。
(2)用不合铅质的汽油洗净在车身部分上的接触面。
(3)将 3 只隔片装在前风窗玻璃的窗口上,如图 2-6-12 所示。

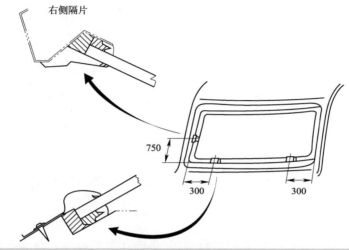

图 2-6-12　隔片(单位:mm)

(4)涂敷填缝料时,切勿将车身开口处底边的两放水孔堵塞。
(5)为使玻璃装置定位,在风窗玻璃顶端与底部中心处贴以胶布,以供对准,如图 2-6-13 所示。
(6)将玻璃内侧与挡水橡皮涂敷密封剂之处用不合铅的汽油洗净,如图 2-6-14 所示。

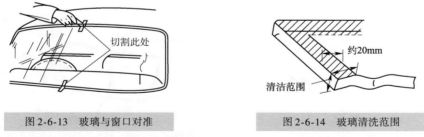

图 2-6-13　玻璃与窗口对准　　　　图 2-6-14　玻璃清洗范围

(7)将挡水橡皮装于玻璃内侧,自玻璃边缘起向内 8mm 处。并将尾端多余部分切除,如图 2-6-15 所示。
(8)将密封剂(玻璃胶)容器插入填缝料涂敷器,在玻璃上使密封剂涂敷成连续性的念珠状,高出玻璃表面约 10mm,如图 2-6-16 所示。

**注意**:密封剂(玻璃胶)涂敷后 15min 即开始硬化,故装配玻璃工作必须在密封剂涂上后 15min 内完成。

(9)用吸着器吸住风窗玻璃。

(10)将玻璃置上窗口内并对准先前所贴的胶带,使玻璃能正确安装于窗口凸缘处的隔片内,如图2-6-17所示。

(11)玻璃上施以适当的压力,以帮助玻璃坐落于凸缘上。

(12)擦除玻璃边缘与车身上过多的填缝料。

(13)用冷水喷洒,立即实施漏水试验。

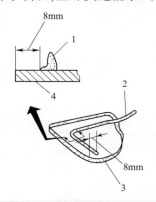

图2-6-15 安装挡水橡皮
1、2-挡水橡皮;3、4-玻璃

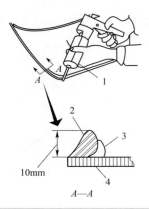

图2-6-16 涂敷黏性填缝料
1-ST08810000(涂敷器);2-密封剂;
3-挡水橡皮;4-玻璃

**注意**:水流不可直接喷向新敷上的密封剂,冷水洒在玻璃边缘。若发现漏水,则对漏水处另行填缝料。

(14)装上以前拆下的各零件。

2.后窗玻璃的拆装(防水橡皮条套入式,图2-6-18)

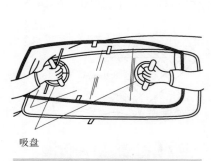

图2-6-17 装玻璃

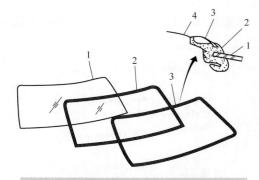

图2-6-18 后窗玻璃与防水条
1-后窗玻璃;2-防水条;3-后窗饰条;4-车身

1)后窗玻璃的拆卸

(1)将行李舱盖与后翼子板覆盖保护。

(2)后座椅坐垫与靠背拆离车身以后,包裹架与后角窗饰板拆除。然后自接头处将后窗除雾器的导线拆除。

(3)拆除后窗饰条,如图2-6-19所示。

(4)为了方便取出后窗玻璃,可事先将两吸着器吸在后窗玻璃上。

(5)自车厢内侧用手压玻璃的边缘,并将防水橡皮条的唇部拆离车凸缘,由顶部向两侧进行。使用普通旋具或其他适当工具,小心拆除,如图2-6-20所示。

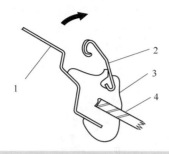 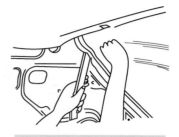

图2-6-19 拆除饰条  
1-车身嵌板;2-后窗饰条;3-防水条;4-后窗玻璃

图2-6-20 拆除后窗防水条

(6)防水橡皮条脱离车身凸缘后,由助手帮助握持吸着器将玻璃取出,并将后窗玻璃放置于有防护的工作台妥善保存。

2)后窗玻璃的安装

后窗玻璃在安装前,应彻底检查窗框(车身凸缘)。下列各步骤即包括后窗框的检查。

(1)检查防水橡皮条及后窗框有无不规则现象。

(2)将吸着器吸在玻璃上,由助手协调,将玻璃小心装入窗框。

(3)玻璃装入窗框后,应检查玻璃周围与窗框间的关系。

①整个玻璃内表面必须与窗框保持良好接触。

②玻璃边缘曲线应与窗框曲线符合。

③窗框修正部分应做上记号,取下玻璃并按需要修正面框。

(4)按下述规定安装后窗玻璃。

①玻璃上套入防水橡皮条,如图2-6-21所示。

②在防水橡皮条与窗框凸缘相接触的沟槽内嵌入作业用绳索一条。

**注意**:绳索的两端要求位于玻璃底端之中心处,如图2-6-22所示。

 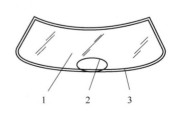

图2-6-21 安装防水橡皮条

图2-6-22 将绳索嵌入防水条  
1-窗玻璃;2-绳索;3-橡皮条

③由助手帮助,利用吸着器小心地将玻璃放置于窗框中心。

④玻璃与防水橡皮条在窗框内装妥后,由助手将玻璃向车厢内推动,车厢内的工人从绳索两端自玻璃下端中心处开始,徐徐拉动绳索使防水橡皮条之唇部包含住窗框凸缘。绳索

须先拉过玻璃的底端,随着向上拉玻璃两侧的绳索,最后拉至顶部,如图 2-6-23 所示。

⑤拉动绳索的同时,外侧的工人应随着绳索的移动位置用手掌拍打后窗玻璃,帮助防水橡皮条能顺利包住窗框凸缘。

(5)安装饰条时,将折合的绳索嵌入防水橡皮条的槽内,并将后窗饰条置绳索上,自饰条两侧拉动绳索两端,使饰条装于防水橡皮条上,如图 2-6-24 所示。

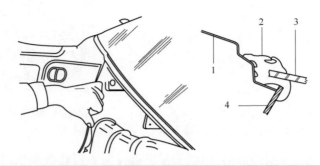

图 2-6-23　利用绳索将防水条唇部嵌于窗框上
1-车身嵌板;2-防水条;3-玻璃;4-绳索

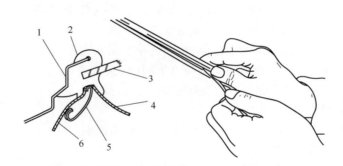

图 2-6-24　利用绳索安装后窗饰条
1-车身嵌板;2-防水条;3-玻璃;4、6-绳索;5-后窗饰条

## 三、评 价 反 馈

1. 自我评价

自我评价表见表 2-6-1。

自 我 评 价 表　　　　　　　　　表 2-6-1

| 学习任务 | | | 班级 | | 日期 | |
|---|---|---|---|---|---|---|
| 小组 | | 组内分工任务 | | | 本次学习时间: | 学时 |
| 组员 | | | 自评成绩及评语 | | | |

(1)根据风窗玻璃拆装要求和已有的知识技能,制订本小组学习工作计划。

## 任务实施

①知识空白有哪些,怎样获取(学习流程)?
_____
_____

②怎样保证工作安全?
_____
_____

③工作操作流程(从准备到完成的工作流程)。
_____
_____

④怎样满足环保要求(涉及哪些环保要求,如何达到相关标准)?
_____
_____

⑤怎样保证工作质量和控制成本?
_____
_____

(2)写出本小组需要查阅的资料名称、内容。
_____
_____

(3)列出完成本次任务使用的仪器设备、零配件、工具。
_____
_____

(4)通过本学习任务的学习,你是否已经掌握以下问题:
①汽车风窗玻璃的分类和结构
_____
_____

②汽车风窗玻璃的拆装工序是什么?
_____
_____

(5)在汽车风窗玻璃的拆装中用到了哪些设备?你是否已经掌握了这些设备的正确操

作技能？
_____
_____。

　　(6)实训过程完成情况如何？
　　评价：_____
_____
_____。

　　(7)工作着装是否规范？
　　评价：_____
_____
_____。

　　(8)能否积极主动参与工作现场的清洁和整理工作？
　　评价：_____
_____
_____。

　　(9)在完成本学习任务的过程中,你是否主动帮助过其他同学？与其他同学探讨过哪些关于汽车风窗玻璃拆装和调整的具体问题？结果是什么？
_____
_____
_____。

　　(10)通过本学习任务的学习,你认为哪些方面还有待进一步改善？
_____
_____
_____。

签名：_____　____年____月____日

2. 小组评价

小组评价表见表2-6-2。

小　组　评　价　表　　　　　　　　表2-6-2

| 序　号 | 评 价 项 目 | 评 价 情 况 |
| --- | --- | --- |
| 1 | 学习态度是否积极主动 | |
| 2 | 是否服从教学安排 | |
| 3 | 是否达到全勤 | |
| 4 | 着装是否符合要求 | |
| 5 | 是否合理规范地使用装卸工具 | |
| 6 | 是否按照安全和规范的流程操作 | |

续上表

| 序　号 | 评　价　项　目 | 评　价　情　况 |
|---|---|---|
| 7 | 是否遵守学习、实训场地的规章制度 | |
| 8 | 是否积极主动地和他人合作、探讨问题 | |
| 9 | 是否能保持学习、实训场地整洁 | |
| 10 | 团结协作情况 | |

参与评价的同学签名：_____　___年___月___日

3. 教师评价

_____

_____

_____。

教师签名：_____　___年___月___日

**能力训练**

**项目1**：根据风窗玻璃和后窗玻璃的拆装记录完成总结报告，并制作工艺流程卡片。

**项目2**：查阅相关资料，写出汽车前风窗玻璃和后风窗玻璃的拆装过程中使用的工具和拆装实施步骤。

# 学习任务七　仪表板的拆装

**学习目标**

1. 能够查阅维修手册了解汽车仪表板的结构；
2. 能够根据工艺要求和维修手册完成仪表板的拆卸和安装；
3. 能够根据维修要求正确使用各种配套工具；
4. 能够根据环保要求进行旧件回收。

**任务描述**

**情境**：贾先生，26岁，拥有一辆奥迪A6轿车，行驶14万km，在使用中出现打开空调时仪表板内有时有"塔塔"的响声。

请结合所学知识，分析故障产生原因，并进行故障排除。同时，向客户解释发卡原因，提示客户在今后使用过程中的注意事项。

**学习引导**

本学习任务沿着以下进程学习：

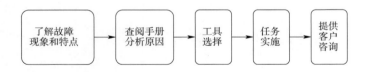

## 一、任务解说——仪表板的相关知识

### 1. 仪表板与副仪表板

在现代轿车中，仪表板与副仪表板不仅在功能上为驾驶人提供视觉信息和方便、舒适的操作，而且在形体上已作为形成内饰风格的一个重要的组成部分。仪表板与副仪表板作为重要的车身内饰件，不仅要求对其上的功能部件进行合理的布置；而且要求其造型风格应与车身外形相适应；仪表板两端与门护板恰当的衔接，副仪表板下伸后延，与其他内饰件相照应，形成一个协调、完美的整体内饰效果。

1)仪表板

(1)仪表板的特点。

仪表板上仪表部分的凸起,突出了仪表的使用功能,并且有使驾驶人目力集中的效果,贯穿全长的仪表板装饰板,与门护板上的装饰板相对应,同时也是空调出风口固定及相互联系的纽带。左右扬声器对称布置,以及左右两侧下部分别设有敞口式杂物盒和杂物箱,既充分利用了空间,又对仪表板下部起到遮蔽和装饰的作用。

(2)仪表板的结构。

以奥迪 A4 的仪表板为例,仪表板为软化式结构,主要由骨架、表皮、中间发泡层构成。最大外部尺寸为:长×度×高 = 1480mm × 416mm × 435mm。如图 2-7-1 所示。

图 2-7-1 仪表板(奥迪 A4)
1-装饰盖;2、3-螺钉;4-左下连接板;5-右下连接板;6-仪表板装配总成

其中,仪表板骨架焊接总成是由五件厚 0.6mm 的优质低碳薄钢板冲压件和三小块厚 3mm 的加强用钢板,以 56 个焊点焊接而成。骨架的结构按仪表板外形曲折变化,又注意到车身强度及其他零件的连接。

表皮为聚氯乙烯(PVC)材料的搪塑表皮,厚度控制在 2.5mm ± 0.2mm,颜色有石墨灰和深蓝色两种供选择。PVC 表皮质地较软,具有较好的耐老化性和耐高低温性,易于擦洗。

中间发泡层为半硬聚氨酯(PUR)泡沫,耐冲击性较好,而且 PUR 泡沫还是很好的隔声、隔热、减振材料。

仪表板本身还是暖风风道的组成部分,如图 2-7-2 所示。暖风风道的凸尖顶入仪表板背面发泡层,两者形成一个密封良好的风道。

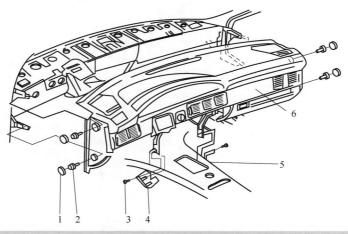

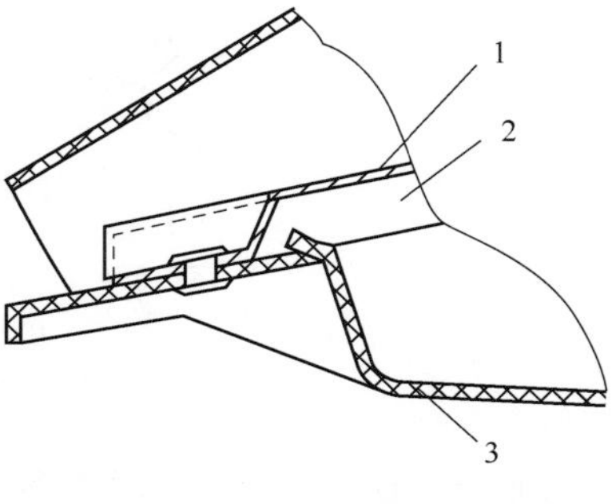

图 2-7-2 仪表板与暖风风道(奥迪 A4)
1-仪表板骨架;2-发泡层;3-暖风风道

在批量生产时,仪表板以装配总成的形式在总装线上装车。装配总成包括:暖风风道及其喷嘴、前扬声器、冷气风道及其出风口、杂物箱、内部支架及导线束等。仪表板的结构复杂,其上集中的部件很多,骨架、支架位置要求准确,使生产及装配工艺更趋复杂化与严格化。

图 2-7-3 所示给出了桑塔纳 3000 型轿车仪表板的零件分解图,它与桑塔纳普通型有着不同的结构布置。

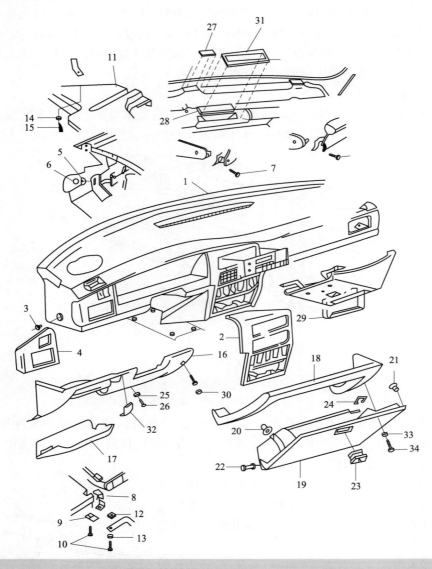

图 2-7-3　桑塔纳 3000 仪表板

1-仪表板总成;2-中心饰板总成;3-铆钉;4-左饰板;5、6-垫圈、螺母;7-扁头螺钉;8-左固定支架;9(12)、10-螺母夹、自攻螺母;11-左下封盖;13-弹簧垫圈;14、15-垫圈、自攻螺钉;16-左饰框;17-杂物箱;18-右饰框;19-杂物箱盖;20、21-弹性缓冲块;22-铰链销钉;23-锁体;24-锁体固定卡顶;25、26、33、34-垫圈、自攻螺钉;27、28、29、31-隔声垫;30-隔罩;32-闷盖

2)副仪表板

(1)副仪表板的特点。副仪表板作为仪表板的补充,其上集中了开关、收放机、空调控制开关、仪表板、烟灰缸、换挡手柄、驻车制动器及后出风口等;同时结合本身的形体,设置了杂物斗。图 2-7-4 及图 2-7-5 所示为副仪表板、副仪表板与侧护板。

(2)副仪表板的结构。副仪表板从结构上分为前后两端。前段位置较高,遇到事故时对乘员膝部构成一定威胁,所以采取了类似仪表板的软化结构。表皮和发泡层的材料与仪表板相同,而骨架则采用厂填充树脂的 ABC 主塑件。

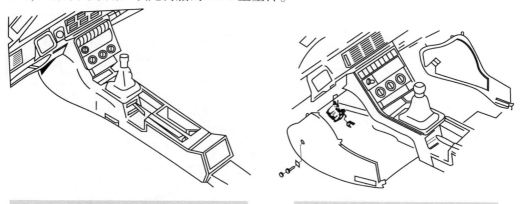

图 2-7-4　副仪表板(奥迪 A4)　　　　图 2-7-5　副仪表板与侧护板(奥迪 A4)

副仪表板后段介于两前座之间,高度较低,采用单一材料的 ABC 注塑件。杂物斗采用了分体热合的生产方式;为了使副仪表板后段与前段协调一致,对其表面进行了花纹与喷软漆处理。副仪表板左、右侧护板是乘员的脚容易踢到的零件,因此采用了与地毯相同的材料贴附于 ABC 骨架上,有较好的防护作用。

总之,轿车内装饰的结构设计,当然远远不限于前述几个大部件的结构、材质与布局。车身内饰的问题,既是工程学的问题,又是人文、艺术及心理上的感受,它涉及车内每个部件的结构、形状、尺寸、色彩与材质,涉及每个部件在整体布局中的协调性,功能部件的可操作性,乘坐的舒适性,从而造就一个舒适、优美的车内环境。因此,本学习任务对与车身内饰有关的侧围(支柱)、后围(包裹架护板、安全带护板)、行李舱护面、座椅饰面等没有叙及。

2. 安全和环保

安全与环保是维修企业最注重的重要环节之一。在实训室进行每一项实践操作时,都应严格遵守实训室规章制度,不得玩笑嬉闹。切实做好 5S(整理、整顿、清洁、清扫、素养)。

在进行仪表板拆装前,首先要确保汽车制动良好(检查驻车制动器及车轮胎垫块的位置)及静态冷却。其次,在旁边准备好轮胎或是其他软物用来放拆卸下来的仪表板。操作时,工作人员必须穿好工作服,佩戴工作手套。拆装完毕后,各拆装工具须有序地放置原位。结束后,做好实训场地的清洁工作。

3. 工具的使用和测量

请根据维修车型手册所列工具进行准备。

## 二、任务实施——仪表板的拆装

1. 上仪表板的拆装

1)拆卸

(1)从蓄电池负极端子断开电缆。

**注意**:断开电缆后等待 90s,以防气囊展开。

**小心**：断开蓄电池电缆后重新连接时，某些系统需要初始化。

（2）拆卸仪表板左下装饰板：脱开3个卡爪和卡扣，并拆下仪表板左下装饰板，如图2-7-6所示。

（3）拆卸仪表板右下装饰板：脱开3个卡爪和卡扣，并拆下仪表板右下装饰板，如图2-7-7所示。

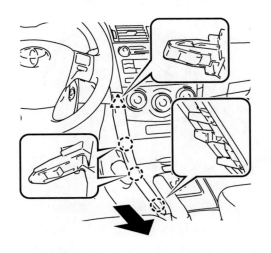

图2-7-6　拆卸仪表板左下装饰板

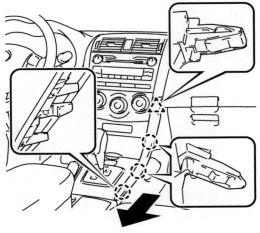

图2-7-7　拆卸仪表板右下装饰板

（4）拆卸仪表板左端装饰板。

①在图示位置粘贴保护性胶带。

②插入车顶防护条拆卸工具并向卡扣滑动拆卸工具，如图2-7-8所示。

③用双手拉动拆卸工具将卡扣脱开，拆下仪表板左端装饰板，如图2-7-9所示。

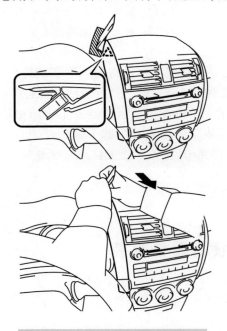

图2-7-8　拆卸仪表板左端装饰板（一）

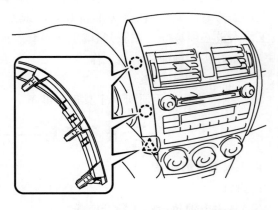

图2-7-9　拆卸仪表板左端装饰板（二）

（5）拆卸仪表板右端装饰板。
（6）拆卸中央仪表板调风器总成。
①脱开2个卡爪、4个卡扣和2个导销。
②断开连接器，拆下中央仪表板调风器总成，如图2-7-10所示。

图2-7-10　拆卸中央仪表板调风器总成

（7）拆卸组合仪表总成。
（8）拆卸左侧前柱装饰板。
（9）拆卸右侧前柱装饰板。
（10）拆卸仪表板下装饰板总成。
①脱开6个卡爪和3个卡扣。
②断开每个连接器，拆下仪表板下装饰板总成，如图2-7-11所示。

 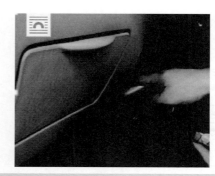

图2-7-11　拆卸仪表板下装饰板总成

（11）拆卸杂物箱盖总成，如图2-7-12所示。
①脱开卡爪并松开杂物箱盖挡块。
②按照图中箭头指示的方向弯曲部位A和B，以松开2个挡块，并降下杂物箱盖总成直到杂物箱盖前部处在水平位置。
③向车辆后部水平拉动杂物箱盖总成以松开2个铰链，并拆下杂物箱盖总成。
（12）拆卸仪表板1号箱盖分总成，如图2-7-13所示。
①拆下螺钉。
②脱开3个卡爪和4个卡扣，然后拆下仪表板1号箱盖分总成。

(13)断开右前车门开口装饰密封条。

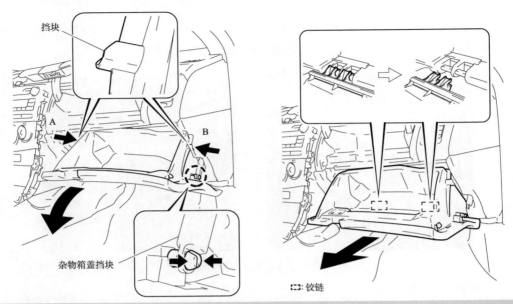

图 2-7-12　拆卸杂物箱盖总成

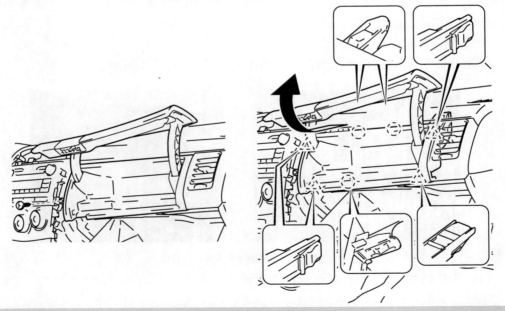

图 2-7-13　拆卸仪表板 1 号箱盖分总成

(14)断开仪表板线束总成。
(15)拆卸上仪表板分总成,如图 2-7-14 所示。
①操作倾斜度调节杆以降下转向盘总成。
②断开各连接器。
③拆下 2 个螺钉 B。

④拆下乘客气囊螺栓 A。
⑤脱开 5 个卡扣和 4 个导销,如图 2-7-15 所示。

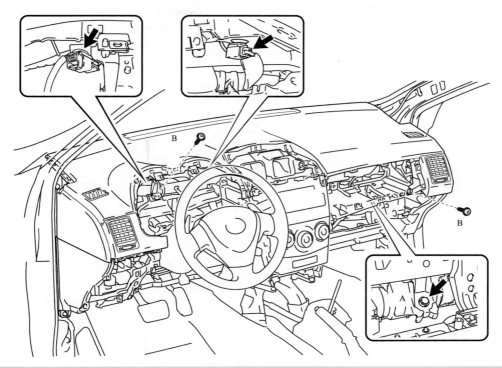

图 2-7-14 拆卸上仪表板分总成(一)

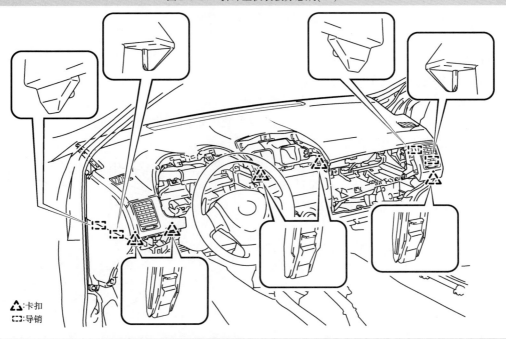

图 2-7-15 拆卸上仪表板分总成(二)

⑥脱开5个卡爪,拆下上仪表板分总成,如图2-7-16所示。

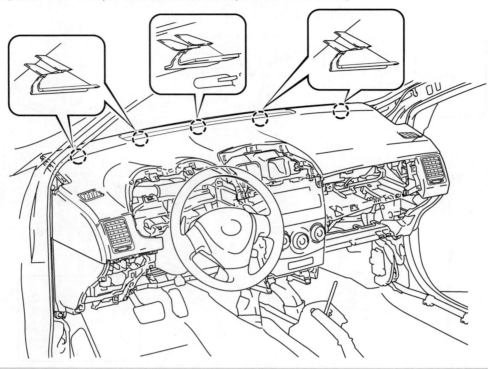

图2-7-16 拆卸上仪表板分总成(三)

2)安装

按照拆卸时的相反顺序参照维修手册进行规范安装。

2. 下仪表与中控台的拆装

1)拆卸

(1)从蓄电池负极端子断开导线。

**注意**:断开导线后等待90s,以防止气囊展开。

**小心**:断开蓄电池电缆后需重新连接时,某系统需要初始化。

(2)拆卸上仪表台分总成。

(3)拆卸带支架的收音机。

(4)拆卸变速杆把手总成。逆时针转动变速杆把手并拆下变速杆把手分总成,如图2-7-17所示。

(5)拆卸中央仪表组装饰板总成。脱开2个卡爪和2个卡扣,并拆下中央仪表组装饰板总成,如图2-7-18所示。

(6)拆卸仪表盒总成。

①拆下2个螺钉。

②脱开2个卡爪。

图2-7-17 拆卸变速杆把手分总成

③断开连接器,拆下仪表盒总成,如图2-7-19所示。

(7)拆卸仪表板孔盖,如图2-7-20所示。

①脱开4个卡爪。

②断开每个连接器,拆下仪表板孔盖。

(8)拆卸空调面板总成,如图2-7-21所示。

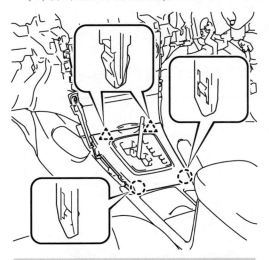

图2-7-18 拆卸中央仪表组装饰板总成

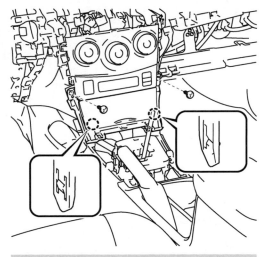

图2-7-19 拆卸仪表盒总成

图2-7-20 拆卸仪表板孔盖

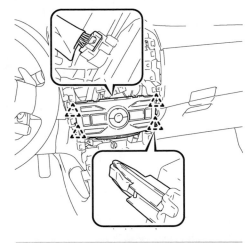

图2-7-21 拆卸空调面板总成

(9)拆卸左前车门防磨板,如图2-7-22所示。

(10)拆卸左前围侧饰板,如图2-7-23所示。

(11)拆卸仪表板1号底罩分总成,如图2-7-24所示。

①拆下2个螺钉。

②脱开卡爪。

③脱开导销,并拆下仪表板1号底罩分总成。

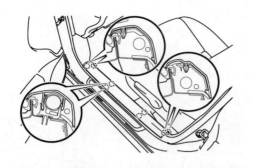

图 2-7-22 拆卸左前车门防磨板

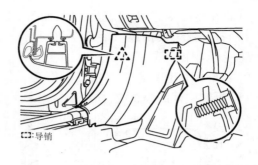

图 2-7-23 拆卸左前围侧饰板

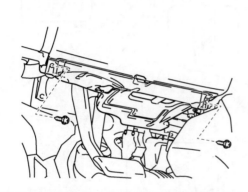

图 2-7-24 拆卸仪表板 1 号底罩分总成

（12）拆卸前 1 号地板控制台嵌入件，如图 2-7-25 所示。
①脱开 3 个卡爪。
②脱开导销，并拆下前 1 号地板控制台嵌入件。
（13）拆卸仪表板下装饰板分总成，如图 2-7-26 所示。
脱开 5 个卡爪、2 个导销和 2 个卡扣，并拆下仪表板下装饰板分总成。
（14）拆卸 1 号开关孔座，如图 2-7-27 所示。脱开 3 个卡爪和卡扣，拆下 1 号开关孔座。
（15）拆卸右前车门防磨板。
（16）拆卸右前围侧饰板。
（17）拆卸仪表板 2 号底罩分总成，如图 2-7-28 所示。
①脱开 3 个卡爪。
②脱开导销，并拆下仪表板 2 号底罩分总成。
（18）拆卸前 2 号地板控制台嵌入件。
（19）拆卸地板控制台上面板分总成。
（20）拆卸地板控制台毡垫。
（21）拆卸后地板控制台总成。

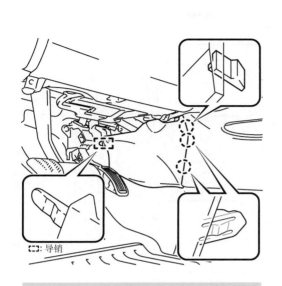

图 2-7-25　拆卸前 1 号地板控制台嵌入件

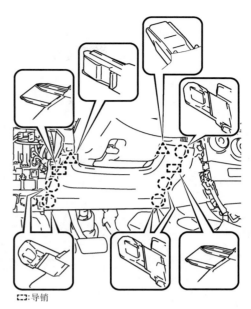

图 2-7-26　拆卸仪表板下装饰板分总成

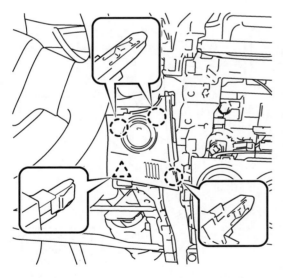

图 2-7-27　拆卸 1 号开关孔座

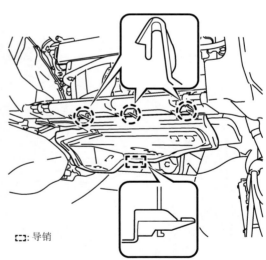

图 2-7-28　拆卸仪表板 2 号底罩分总成

(22) 拆卸 2 号天线导线分总成。
(23) 拆卸下仪表板分总成,如图 2-7-29 所示。
① 脱开 2 个卡爪和 DLC30。
② 脱开 3 个卡爪并拆下发动机罩锁控制拉索总成,如图 2-7-30 所示。
③ 脱开各卡爪。
④ 断开各连接器。

⑤拆下2个螺钉G,如图2-7-31所示。

⑥拆下2个螺栓C或D,拆下8个螺钉E或F,如图2-7-32所示。

⑦脱开2个卡爪,拆下下仪表板分总成。

图2-7-29　拆卸下仪表板分总成　　　　图2-7-30　拆下发动机罩锁控制拉索总成

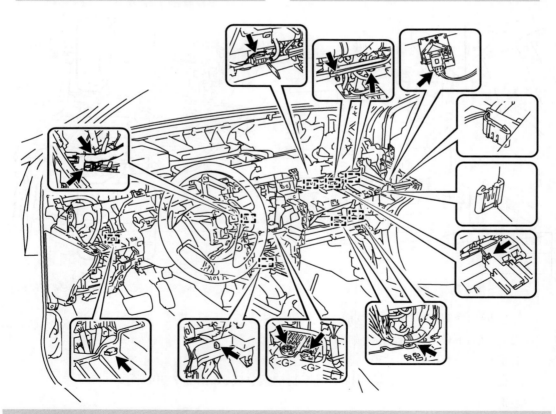

图2-7-31　拆卸下仪表板分总成(一)

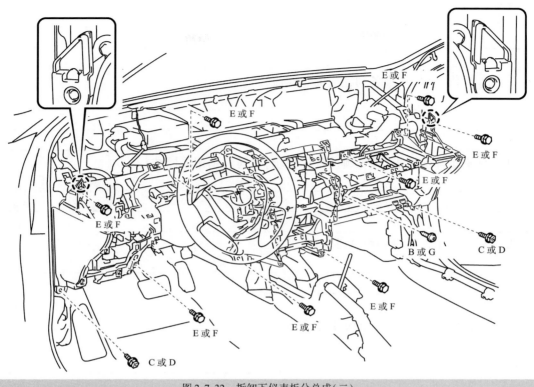

图 2-7-32 拆卸下仪表板分总成(二)

2)安装

按照拆卸时的相反顺序参照维修手册进行规范安装。

## 三、评 价 反 馈

### 1. 自我评价

自我评价表见表 2-7-1。

自 我 评 价 表　　　　　　表 2-7-1

| 学习任务 | | | 班　级 | | 日　期 | |
|---|---|---|---|---|---|---|
| 小组 | | 组内分工任务 | | | 本次学习时间： | 学时 |
| 组员 | | | 自评成绩及评语 | | | |

(1)根据汽车仪表板拆装要求和已有的知识技能,制订本小组学习工作计划。

①知识空白有哪些,怎样获取(学习流程)?

②怎样保证工作安全？

③工作操作流程（从准备到完成的工作流程）。

④怎样满足环保要求（涉及哪些环保要求，如何达到相关标准）？

⑤怎样保证工作质量和控制成本？

(2)写出本小组需要查阅的资料名称、内容。

(3)列出完成本次任务使用的仪器设备、零配件、工具。

(4)通过本学习任务的学习，你是否已经掌握以下问题：
①汽车仪表板的分类和结构是什么？

②汽车仪表板的拆装工序是什么？

(5)在汽车仪表板的拆装中用到了哪些设备？你是否已经掌握了这些设备的正确操作技能？

(6) 实训过程完成情况如何?

评价:_____

_____。

(7) 工作着装是否规范?

评价:_____

_____。

(8) 能否积极主动参与工作现场的清洁和整理工作?

评价:_____

_____。

(9) 在完成本学习任务的过程中,你是否主动帮助过其他同学?与其他同学探讨过哪些关于汽车仪表板拆装和调整的具体问题?结果是什么?

_____

_____。

(10) 通过本学习任务的学习,你认为哪些方面还有待进一步改善?

_____

_____。

签名:_____  ____年____月____日

2. 小组评价

小组评价表见表2-7-2。

小组评价表    表2-7-2

| 序 号 | 评 价 项 目 | 评 价 情 况 |
|---|---|---|
| 1 | 学习态度是否积极主动 | |
| 2 | 是否服从教学安排 | |
| 3 | 是否达到全勤 | |
| 4 | 着装是否符合要求 | |
| 5 | 是否合理规范地使用装卸工具 | |
| 6 | 是否按照安全和规范的流程操作 | |
| 7 | 是否遵守学习、实训场地的规章制度 | |
| 8 | 是否积极主动地和他人合作、探讨问题 | |
| 9 | 是否能保持学习、实训场地整洁 | |
| 10 | 团结协作情况 | |

参与评价的同学签名:_____  ____年____月____日

3. 教师评价

_____
_____
_____。

教师签名：_____　___年___月___日

 **能力训练**

项目1：根据仪表板的拆装记录完成总结报告，并制作工艺流程卡片。
项目2：查阅相关资料写出仪表板拆装过程中使用的工具和实施步骤。

# 参 考 文 献

[1] 吴友生. 汽车车身维修技术[M]. 北京:高等教育出版社,2002.
[2] 罗伯特. 斯卡福汽车车身维修[M]. 北京:机械工业出版社,1998.
[3] 谷正气. 轿车车身[M]. 北京:人民交通出版社,2002.
[4] 张俊. 汽车车身修复专门化[M]. 北京:人民交通出版社,2008.
[5] 谷争时. 富康轿车故障检修图解[M]. 成都:四川科学技术出版社,1999.
[6] 庄志. 车身修复及美容宝典[M]. 武汉:湖北科学技术出版社,2003.
[7] 王怀建. 汽车常用维护设备与工具的使用[M]. 重庆:重庆大学出版社,2007.
[8] 代汝泉. 汽车车身结构与维修[M]. 北京:国防工业出版社,2002.
[9] 马学高. 汽车车身结构与修复技术[M]. 北京:北京邮电大学出版社,2008.
[10] 王宏雁. 汽车车身轻量化结构与轻质材料[M]. 北京:北京大学出版社,2009.
[11] 韩星. 汽车车身修复技术[M]. 北京:人民交通出版社,2009.
[12] 邢春霞. 汽车结构与拆装[M]. 北京:人民交通出版社,2013.
[13] 冯培林. 汽车钣金维修技术[M]. 北京:化学工业出版社,2010.